【文庫クセジュ】

100語でわかるBOBO《ブルジョワ・ボヘミアン》

トマ・ルグラン/ロール・ヴァトラン著
村松恭平訳

白水社

Thomas Legrand, Laure Watrin, *Les 100 mots des bobos*
(Collection QUE SAIS-JE ? N° 4131)

序文

「B《ボ》OB《ボ》Oの一〇〇語（mots）」、あるいは「B《ボ》OB《ボ》Oの一〇〇の悪癖（maux）」とも言えよう。なぜならボボは、あるアメリカ人ジャーナリストが二〇〇〇年に造り出したこの言葉を用いる多くの人びとにとって、厄介だからだ。

アメリカではすぐに忘れ去られたこの「ボボ」という言葉は、フランスでは二〇〇〇年代初頭に日常語になった。この言葉はとりわけ政治家たちに頻繁に用いられるが、定義されていないため、一つないし複数の意味を持っている。さらに、大学教授たち（地理学者や社会学者）はこの言葉を疑わしいものとみなしている。たとえば、ジェントリフィケーションを専門とする社会学者のアナイス・コレは、「この言葉は物事を理解するのを妨げる」と言う。コレは『ボボは存在しない』[1]と題した著作——ボボが神話であることを証明するために約二〇〇ページをも費やしている！——を近頃出版した、社会科学研究者グループのメンバーだ。この著者たちの見解では、富裕なパリ三区に住むブルジョワ——開放的な性格の左派であっても——と、セーヌ＝サン＝ドニ県の庶民地区であるモントルイユで暮らす不安定な身分の公務員やインテリのあいだには、「社会学的には」何も関係がない。

厳密なマルクス主義的見方をすれば、確かに、それらの人びとの階級利益は異なる。私たちも「ジェントリフィケーションを推進するボボ」と「ソーシャル・ミックスを推進するボボ」を区別はしているが、どちらも「ボボ」という言葉でまとめている。というのも、公の議論において彼らは区別なくそう呼ばれているし、共通の特徴や似通った好み、願望があるからだ。確かに彼らの間には違いがあるが、そうした特徴や好み、願望から、両者とも「都会的かつ開放的な性格で、インターネットに常時つながっており、グローバリゼーションのなかで悠々自適に暮らす人びと」という同じ一つのカテゴリーに分類できる（たとえ彼らがグローバリゼーションによってときに被害を被るとしても）。

「プディングが存在しているという証は、それが食べられることにある。同様に、ボボが存在しているという証は、それが語られることにある」(2)とフリードリヒ・エンゲルスの言葉を敷衍したドミニク・ヴォワネ元モントルイユ市長の台詞を引用することによって、私たちは『ボボは存在しない』の著者たちに反論する。

たとえボボが存在しないとしても（まあそういうことにしておこう……）、私たちは少なくともボボイチュード〔「ボボ的性質」のことを指す〕が現実であること、多くの都市生活者が多かれ少なかれボボイチュードを備えていることを見てとれる。言葉の曖昧さにつけ込むのはやめよう。この言葉は日常的に使用されている。また、たとえ学者グループが努めてこの言葉には何の意味もないと示そうとしても、自分が何について話しているかはっきりと分かっている多くの人びとによって、「ボボ」という言葉は用いられるだろう。したがって今、ボボイチュードという漠然とした性質と、ボボというこの社会化したホモ・サピエンスについて、できる限り明確にすることを試みなければならない。

ボボは、一九六〇年代から七〇年代における、中流階級の大部分の人びとが多くの文化資本を獲得した大きな動きの産物だ。彼らは「グローバリゼーションの子」でもある。情報通信、ショービジネス、音声映像メディア、インターネットといった分野の経済が勃興したおかげで、グローバリゼーションは莫大な収入を創出し、新たな職業が次々と生まれた。フランスでは、ショービジネス界の不定期労働者からなる巧妙なシステムと、こうした動きが同時に発展したことで、多くのプロデューサーが金持ちになり、ショービジネス界とカルチャー界では数万もの職業が新たに登場した。また、インターネットはさまざまな種類の企業家を生み出した。こうした新たな経営者（新たなブルジョワ?）は多くの文化資本を備えていた。彼らに雇われた者たちもまた、技能よりも創造性と知識のおかげでみずからの地位を獲得できた。顧客たちも同様に、社会における教育水準の高い領域から選ばれた。知識と情報通信を中心とする経済が急成長し、デジタル技術・インターネット産業は多くの文化資本を備えた教育水準の高い労働力を求めた。企業リーダーたちも社員と同じように、もはや技能ではなく豊かな頭脳を必要としていた。「革命を起こしたいという願望よりも、全体の障壁を除き、協調する必要があるという考えに基づいたボボイチュードが発展したのは、こうした豊かな頭脳においてである」(3)。ボボは未来の世界を創り出しているのだろうか？　あるいは、ヨーロッパと世界を襲っているナショナリスト、ポピュリスト、内向き志向の波に、彼らは今にも飲み込まれようとしているのだろうか？

したがって、もし仮にボボを定義できるとすれば、彼らは社会にとって必ずしも厄介者というわけではないのだ……。ボボは未来のさまざまな生き方を創造している。彼らは相対立するようなもの――伝統と現代性、オーセンティシティとイノベーション、街と田舎、近辺と遠方、ソーシャル・ミックスと文化保護など――を両立させようと試みていることから、いくつもの矛盾に満ちている。ボボの言葉と悪癖、彼らの言語の特徴を表わす癖、彼らに結びつけられる言葉――彼らを描写するためでもあれば、強く非難するためでもある――を調べ、ボボが使う語彙や、彼らに投げかけられる語彙について探求することにより、私たちはボボについてよりよく知り、もっと笑い、より適切に評価し、彼らがなぜ疎んじられているかをよりよく理解することができるだろう。そして、私たちはボボを介して、今日の社会と未来の世界を探索することができる。

(1) J.-Y. Authier, A. Collet, C. Giraud, J. Rivière et S. Tissot, *Les bobos n'existent pas*, Lyon, PUL, 2018.
(2) F. Engels, *Socialisme utopique et socialisme scientifique*, trad. É. Bottigelli, Éditions sociales, 1977, p.35.
(3) T. Legrand, L. Watrin, *La République bobo*, Paris, Stock, 2014.

目次

・本文中の＊は、100語の項目名を示す。ただし「ボボ」だけは、何度も登場するため＊はつけていない。
・本文中の↓は、その語彙を参照する項目名を示す。
・〔 〕は訳注を示す。

1 授乳

ほかのさまざまな文化の影響を受けたボボの生活スタイルは、祖先から受け継いだ「フランス式」のルールに背いている――子どもたちの世界と大人たちの世界がもはや混じり合う状態にある。ボボの赤ちゃんはみな、ごく早いうちからあちこちに連れ回される。アフリカ式に背負われることもあれば、お腹側でカラフルな抱っこ紐にくるまれることもある。自転車*92や電車、飛行機にも乗る。親たちは赤ちゃんを「キッズフレンドリー*42」なカフェやレストランに連れて行く。彼らは友人たちをブランチや、おつまみが並んだアペロに招待する。そこではさまざまな世代も、甘味・塩味も、どちらも混ざり合っている。ボボママの多くが授乳するということから、子どもとつねに一緒というイメージがより助長される。平均よりもエコ意識が強く、教育水準も高いボボママたちは、[1] 戦後生まれの自分の母親よりも農産物加工産業に対してより強い不信感を抱いており、健康に関する議論に敏感で、[2] 根っからの自然主義者でもある。

授乳という行為はフェミニズムと関連するのだろうか？　このテーマはボボファミリーを白熱させ、引き裂く。エリザベート・バダンテール〔フランスの哲学者・作家・フェミニスト〕の意志を継ぐ一部の女性たちは、授乳しない母親を罪悪視する言説に対して、ためらうことなく大声で怒鳴り、母乳か哺乳瓶かを選択する権利を要求する。一部のボボママは（特に三十五歳以降に出産した場合）、最初の乳歯が生えたあとも赤ちゃんとの「きずな」を長続きさせるが、大半のボボママは結局のところ数カ月後には哺乳瓶のほうを選ぶ。というのも、グローバリゼーションの副次的な影響を被ってはいても、フランス人ボボはやはりフランス人だからだ。つまり「大人の時間」がやってきたと思い出す瞬間が必ず訪れるのである。ベビーシッター万歳！

（1）『週刊疫学会会報』（二七号、二〇一四年）に掲載されたある研究によると、学歴が高く、社会的ヒエラルキーの上位に位置する女性たちは、授乳する割合が高い。

（2）フランスでは Le Programme National Nutrition Santé（PNNS）が、できれば生後六カ月までは母乳しか与えないことを推奨している。フランスにおける授乳率はこの二〇年間で大きく上昇したものの、ヨーロッパのなかでは最も低い水準にある。生後すぐには赤ちゃんの四分の三が母乳を与えられるが、六カ月が経った頃にはたった四分の一、一歳では九％まで授乳率が低下する（Institut National de Veille Sanitaire）。

2 アマップ（AMAP）

ボボ（→13「ボボ」）がフランスメディアのなかで公式に誕生してからほんの数カ月後の二〇〇一年、フランスで最初のアマップ（AMAP、小規模農家を支えるための団体）が登場した。アマップの総会にボボの姿が多く見られたことから判断するに、この二つの言葉はすぐに運命共同体と化した。

オルターグローバリゼーションを掲げる組織「アタック（ATTAC、市民を支援するために金融取引への課税を求めるアソシエーション）」と関わりのあるダニエル・ヴィヨンとドゥニーズ・ヴィヨンが、ニューヨークに住んでいた彼らの娘の家に滞在した際、アメリカの類似団体「コミュニティが支える農業（CSA）」と出会い、その後、〔南仏の〕オバーニュでアマップを創設しようとひらめいた。その原理とは？ 個々人からなるアソシエーションがその地域の有機農家（→9「ビオ」）と契約を結び、かご一杯分の果物と野菜を週に一度受け取る代わりに、農家に前もって一年分支払うことを約束する。「お楽しみかご」のようなものであり、それぞれの季節を重んじ、かごの中身は——これについてはきちんと言っておかねばならない——気候面の運不運や土壌の働き次第だ。こうした直接的パートナーシップの形は、農家（↓76「農民」）に公正かつ安定した収入をもたらし、野菜は不恰好でも汚くても土がついていても良いこと、また、三月にトマトを求めてもその育成を早めることはないことを、都会に住む連中に教えてくれる。

今日、二〇〇〇以上のアマップが、三〇万人以上のアマップ農家を養っている。(1)（プラスチック容器に入っていない）水の一滴ではあるが、（植物性の）油の染みのようにじわじわと広がっている。いくつかの地域では、クルジエット・ソリデール、ロバン・デ・ポワ、シュ・ラヴェ、トマト・ファルシューズ〔すべてアマップのアソシエーション〕に加入するために行列を作る必要があるだけでなく、直販*25とビオを重視するほかのさまざまなイニシアチブもまた勢いに乗っている。たとえば、アマップよりも自由度が高く、より商業的なリュシュ・キ・ディ・ウィ！というオルタナティブは、ローカルな生産者と消費者を引き合わせている。

アマップとその他の地産地消イニシアチブが成功したことで、農家たちはもう生産性至上主義の農業モデルにも、大型流通チェーンにも依存しなくてよくなり、自分の運命をその手中に取り戻し、自分の農場を救うことができた。労働力人口に占める農家の割合は第二次世界大戦後には三分の一だったのに対し、今はせいぜい四％しかないこと、また、この二十年で半数以上の農場が消えてしまったことを知れば、この成功は非常に大きなものだ。(2)

ボボについて言えば、彼らは「責任のある消費者」であることだけに満足していない。彼らは

「新農家」（↓72「新農村住人」）すなわち、違う生き方を求めて自分の仕事を辞める選択をした都会人にもなった。農民との家族的なつながりはいっさいないにもかかわらず。

（1）アマップの地域間協力運動であるミラマップ（Miramap）が二〇一五年に発表した数値。

（2）情報ソース：Agreste, recensements agricoles 1988, 2000, et 2010.

3　アップル

世間では二つの派閥の対立がしばしば見られる（ビートルズ派かローリング・ストーンズ派か、ブリーフ派かトランクス派か、など）。ボボたちはあらゆる対象についてみずからの立場をはっきり決めているわけではないが、コンピュータについては一つの派閥に属している。映像作家、写真家、グラフィックデザイナー、建築家、デザイナー、イラストレーター、すなわち、ボボが大きな割合を占めているクリエイティブな職業に就く人たちは、スティーブ・ジョブズが開発し、コンピュータに組み込んださまざまなツールやアプリケーションを必要としている。彼らはコーヒーショップやコワーキングスペースに足を運ぶだけで十分に仕事ができる。仕事場が固定されていないフリーランスは、この二つの場所をよく訪れる。ｍａｃではないノートパソコンを使っていたとしたら、すぐにセールスマンか、エクセルにのめり込む会計士だとみなされるだろう。

MacBook・iPad・iPod・iPhoneといったアップル製品は、ボボたちが抱える大きな矛盾の一つだ。なぜなら、みずからのことを意識の高い消費者だとか、「メイド・イン・フランス」や職人仕事、ヴィンテージの愛好家だと思っている彼らは、カリフォルニア州のガレージから生まれたスタートアップ*86からもはやかけ離れたシステムのなかに閉じ込もっているからだ。アップルという多国籍企業の労働者たちの労働条件、租税回避、計画的陳腐化、環境面の選択は、必ずしも「市民的*26」とは言えない。だが、ボボたちはアップル製品を使わずにはいられない。

4 （新しい）職人

ボボを象徴する新しい仕事とは？　もちろん、たくさんのディプロムを持った管理職、すなわち、燃え尽き症候群や社会階層の転落に直面している、前世紀からやってきた「哀れな」やつらではない。非物質経済の提唱者の多くが毎年「クソどうでもいい仕事（bullshit jobs）」——アナーキストの活動家で「ウォール街を占拠せよ（Occupy Wall Street）」運動の中心人物だった人類学者、デヴィッド・グレーバーが定着させた表現——を捨て、パン屋や食料品店を営んだり、大工になったりしている。(1) 今日においてみずからの職業生活に意義を与えるには、知的職業は具体的な仕事に根差す必要がある。パン生地や粘土を手でこねるといったことだ。優秀なアメリカ人学者マシュー・クローフォードは、パワーポイントを手放し、汚れた油を扱うようになった。退屈していたシンクタンクを辞め、オートバイの修理工房を開いたのだ。彼は整備工としての「悟り」について、その熱い著作『キャブレター礼賛』(2)〔未邦訳〕のなかで語っている。

オーセンティシティ*5を追求し、少し大げさだが感動的なストーリーテリング*87に熱中するこうした新たな職人世代は、「メイド・イン・フランス」および無形文化遺産を（もう一度）盛り立てようと熱意を燃やしている。その際、彼らは伝統的なやり方と先祖から受け継いできたノウハウを、以前の仕事で培ったさまざまなマーケティングメソッドやコミュニケーションメソッドと結びつける。こうした起業家精神は、クラウドファンディング（→75「参加型」）を活用し、持続性が求められているにもかかわらず、資本主義に根差したままだ（このようにしてブルックリン・ブルワリーやミッシェル・エ・オーギュスタンは生まれた）。そこでも革命は存在せず、あるのは画一化に対する闘い方だ。

今では修士課程（bac+5）修了後にパン屋の職業適性能力資格（CAP）を取得することが良いことと思われるようになったため、おそらくは職業バカロレア（bac pro）の評価もついに上がるだろう。

（1）この点については、J.-L. Cassely, *La Révolte des premiers de la classe*, Paris, Arkhê, 2017. を参照すると良い。

（2）M. B. Crawford, *Éloge du carburateur. Essai sur le sens et la valeur du travail*, Paris, La découverte, 2010.

5　オーセンティシティ

ボボたちはつねに「本物の」経験を追い求めている——自然を模倣したものよりも、古艶の出たれんが造りの壁。都市周辺の*77分譲地区よりも、庶民地区。外国からの客で賑わうホテルよりも、昔ながらの民宿。観光客向けのブラスリーよりも、美味しいベトナムのサンドウィッチが味わえる安食堂。多様性を保証するこのオーセンティシティは、彼らにとっては「飾り」として役立ち、その日常に意味を与える。だが、そうした「本物の」場所に頻繁に通うことで、彼らは心ならずもそれらの場所を歪めてしまう原因となっている。というのも、ブルックリン・カレッジで都市社会学の教鞭をとっているシャロン・ズーキンが示しているように[1]、オーセンティシティという理想の追求によって、実のところ、都市のオーセンティシティを生み出していた人びと——移民、アーティスト、庶民階層の人びと——が排除され、都市が画一化されたからだ。

クリエイティブ・クラス*27が自分たちの生活スタイルと規範を持ち込むことで、地区にユニークな特徴を生んでいたものは削ぎ落とされた。歯止めがなくなったことで、ジェントリフィケーション*46はその目的を達成した。何十年も前からそこにあった歴史的なカフェや独立系の書店は閉店し、法外な賃料を支払うことのできるアパレルチェーンや（本物を偽るという策に出ることにためらわない）流行りのレストランに置き換えられた。活気のある庶民の財産だったのに、姿を消してしまった、古くからのデリカテッセン食堂（delis and diners）に関して、Vanishing New York（vanishingnewyork.blogspot.com）というブログが数年前から目録を作成している。

これは、ボボが抱える多くのパラドックスの一つだ。彼らはすべての事柄においてオーセンティシティを追求しながら、未来の生活スタイルを創出すると主張している。だが、オーセンティシティは本来、過去および不変性のあらわれの一つだ！ 彼らは過去を払いのけたりはしない！ 過去と未来の両立*29。それは今もなお、ボボたちが解決できない問題の一つだ。

（1）*S. Zukin, Naked City : The Death and Life of Authentic Urban Places*, Oxford University Press, 2009.

6 竹

庶民地区で、マンションの共有部分のバルコニーや、デザイナーズハウスの正面玄関の裏に竹が出現したら、そこはボボの巣である可能性が高い。きっと、異常なぐらいにぐんぐん伸びていく竹稈が、周りの視線から逃れるための良い手段であるからだ。竹は身を隠してくれるだけでなく、周囲を緑にもしてくれる。剣先フェンスや防護柵よりも穏やかな（より偽善的*54な？）ボボの「仲間うち*36」だ。竹という植物はすぐに広がり、辺り一帯を占拠するが、一見してそのことに誰も気づかない……。ボボたちの勢力範囲が広がっているということにも！

7 あごひげ

あごひげはボボ男子の装備の一つだ。美的なアクセサリーでもあるし、周りと自分を区別するしるしでもある。当初はオルタナティブファッションを装い、あごひげは三日間ほったらかしにされていた。その後、ブルックリン*18のスタートアッパーとなった甥の息子をちょっと真似ようとして、「ホモ・ボボイトゥス」はあごひげを伸ばし始めた。真のあごひげだ。印象派スタイル、もじゃもじゃ系、密生系、ロング、マイクロカットがトレンドだった。米俳優トム・セレックのような口ひげをたくわえていたり、いなかったり。

長い間、ヒッピー運動と〔それ以前は第三共和制の歴代大統領と〕結びつけられていたあごひげは、今日では創造的で知的な都会人のアイデンティティの特徴となっている。こうした特徴は彼らの隣人であるハシディズム〔十八世紀中ごろに起こったユダヤ教の神秘主義的運動〕のユダヤ人や、サラフィー主義〔イスラームの初期世代の原則や精神への回帰を唱える思想潮流〕者にもあることから、中傷者、とりわけジャン＝マリー・ルペンに次のように言わしめた。(1)「ボボはどちらかと言うと左派*43で、彼らの顔はどちらかと言うとひげもじゃだ。顔がひげもじゃなのは、ムスリムの風習だよ」。

管理職や知的職業に就く者の五四％（一方、社員のほうは四二％）、パリの北東地区*81の住民の五〇～六五％がひげを生やしている。(2) この現象は、ひげを生やしたボボを意味する「ビュビュ（BuBu）」という造語を生み出し、ひげ剃り屋という職業、理容室、そしてそこに置かれるレトロな肘掛け椅子を復活させた。それらはある地区においてはジェントリフィケーション*46の新たな指標となっている。

しかし、今一度この特徴は目立たなくなった。今日では男性の四〇％がひげを生やしているのだ。エドゥアール・フィリップ首相さえも！

（1）二〇一二年にパリで開催された、大統領選挙キャンペーンの集会の際に行なわれたインタビュー。
（2）Sondage Ifop, 2016.

8　良識

ボボを批判する者たちによると、ボボは「良識」の伝達人であり、それを守る兵隊だ。反ボボたちの日常語においては、良識はある種の思想警察で、厳しくて重苦しい、信条の枠を意味する。その枠からはみ出ることは良くないことであり、はみ出る者は「時代遅れ」、「反動分子」、もっと悪い場合は「ファシスト」と呼ばれ、公の議論から通告なしに排除・追放されてしまうのだ！　「良識」の同義語には、「ポリティカル・コレクトネス」や「単一思考」などがある。良識の聖職者たちはテレラマ誌[*88]やメディアパルトを読み、フランス・アンテルを聴き、テレビは観ない……か、もしくはアルテ〔仏独共同テレビ局〕をリプレイで観る。ロプス誌やリベラシオン紙のジャーナリストたちから抑圧される機密の新聞のなかで、小規模ながら戦い、抵抗し、こっそりと行動する陰のボボ部隊を見つけることができる。ル・フィガロ紙、ル・ポワン誌、ヴァルール・アクチュエル誌、コザール誌、これらを人前で読むような危険を冒してはならない。良識を激しく批判する者たちは、忌々しいインテリで、誰も招きたいとは思わない。反逆思考を持った勇敢なレジスタンス運動員たち、たとえば、アラン・フィンケルクロート、フランツ＝オリヴィエ・ジズベール、ミシェル・オンフレ、エリック・ゼムール、あるいはまた、『良識の検閲』[1]〔未邦訳〕の共著者であるロベール・メナールとエマニュエル・デュヴェルジエもそうだ。これらのジャン・ムーラン〔レジスタンス運動の指導者で英雄〕たちは、そもそも何と戦っているのだろうか？　この「非常に有害な良識」は、したがって、何を包含しているのだろうか？　それは、反人種差別主義や同性愛の容認、外国人の受け入れ、環境問題対策の切迫性といった「危険な思想」、「耐えることのできない独裁」だ。要するに、われわれの歴史において最も暗い時期、六八年五月*64に生まれた「あらゆる有害な思考」だ。

(1) R. Ménard et E. Duverger, *La Censure des bien-pensants*, Paris, Albin Michel, 2003.

9　ビオ

「偽善的*54」と並んで、おそらくは「ビオ(bio)」も、最もボボに付きまとっている形容詞だ。二〇〇〇年代に彼らがメディアに登場した際に、「ビオ」はすぐにこの都会エリート(彼らは必然的に現実から切り離される)のエコ良心をからかうのにもってこいの言葉——さまざまなアイデアがごた混ぜになった言葉——となった。有機農業のけしからぬ「独裁」を非難するためとして、「ゴゴ(gogo)」という言葉もよく用いられた。ビオの食料品店*38はコーヒーショップとともに、ジェントリフィケーション*46のわかりやすい目印となった。

それから数年が経ち、「ビオ=ボボ」のものだったテーマが、今日では私たちみなが目指すものとなった。二〇一六年には、有機栽培の有効農地面積(SAU)が初めて五%という象徴的水準を超えた。また、たとえ私たちが大型流通チェーンの行き過ぎ行為——彼らは巨額な利益を得ながら、この農法をよりアクセスしやすいものにした——を嘆きうるとしても、AB(フランスの有機製品の認証ラベル)に認定された食品の売り上げは、フランス国内で二〇一六年に二〇%、二〇一七年に一二％も伸びた(1)。そこでもまたボボは先駆者だった。彼らは浮世離れしているとして非難されているが、逆に、地域により根差し、地球のさまざまな問題に順応した生活スタイルを促進するのに貢献したのだ。最初はボボたちは値段を気にせず、それがどこから来たかについてもよく知らずにビオを消費していたが、彼らは今では、世界の果てで育てられたビオ食材よりも「きちんと作られた」地元産品のほうがましだと理解している。

（1）有機産品の八一％が大規模あるいは中規模のスーパーマーケットで購入された（Agence française pour le développement et la promotion de l'agriculture biologique より：www.agencebio.org）。

10　ビストロノミー

ビストロノミー（bistronomie）は「ビストロ」と「ガストロノミー」を縮約した言葉であり、ボボの典型的な料理ジャンルだ。ジャーナリストのセバスチャン・デモランによって造られ、イヴ・カンドゥボルドといった料理人たちによって時間をかけて料理され、『ル・フーディング*40』のガイドブックによって広められたこの混成語は、ボボのイメージを想起させるもので、一九九〇年代にパリで生まれたビストロ風の料理のことを指している。それ以後、そのボーダーを大きく越えていった。より手頃な値段の、しきたりから解放されたこの料理ジャンルは、（必然的に）見直されることになったクラシック料理、何よりもまず（季節の）食材、創造的かつライトな組み合わせ、小規模（↓78「小さな」）生産者たち、和気あいあいとした雰囲気、そしてシンプルさを大事にしている。

11 白人の

庶民的でさまざまな人びとが暮らす地区に住み着いたミックス推進の*66ボボは、それまで注意を向けたことがなかった自分自身の特徴の一つにすぐさま気がつく——自分が白人であるということに！ 良心や多様性の美徳への信奉は、ときおり彼らを差異主義的アプローチの正当化へと導く。共同体主義の欠点が彼らの周囲に存在していることに、必ずしもその場では気づかないとしても。少なくとも、初めは気づかない。しかし、ミックス推進のボボはすぐにそのナイーブさを捨て、文化的マジョリティあるいはマイノリティ（それはしばしば民族的あるいは宗教的マジョリティ、マイノリティの同義語である）の問題が、現実の問題であることを理解する。比較的に分裂しているフランス社会、エリートを再生産するシステム、移民や移民家庭出身の人びとが多く被っている「空間的分離」、そして実質的な居住地指定が、「白人ではない」ボボイチュードの出現を抑制している。

しかし、ボボイチュードは、多くの文化資本を持った都会に住む白人市民たちだけの特性ではない。ボボの人びとすべてが白人ではないのだ！　いわゆる「ブァールジョワジー（beurgeoisie）」〔フランス生まれのマグレブ移民の子どもで、仕事で成功したエリートたち。arabe《アラブ》を逆から読んだ言葉の beur《ブァール》と bourgeoisie《ブルジョワジー》の混成語〕が出現すると、ボボ的派閥も必ずそこにいる。文化[*32]および高等教育へのアクセスが増え続けているシステムのおかげで、当然、あらゆるカテゴリーの人びとが文化資本を幅広く蓄積できるようになった。ボブァール〔マグレブ系ボボ、bobeur〕とボブラック〔黒人ボボ、boblack〕がそれとして存在する。その数は、私たちの国のある特徴――フランスは最も多くの（異宗教・異民族）ミックスの結婚数を数えている国の一つであり続けているという特徴――によって増加している。このデータは国立統計経済研究所（Insee）が二〇一七年に発表したレポートによって示された。これらのテーマに関しては、ヨーロッパの私たちの隣国よりもフランスのほうが、人びとを分け隔てる壁は少なくともより薄い。二〇一五年、さまざまなミックスの結婚数（そしてフランス人は結婚についてしか対象にしない）は、フランスで祝福された二八万二六〇〇組のうち七万五八〇〇組にのぼっていた。ミックスの結婚は一九五〇年にはカップルの六％だったが、二〇一五年には一四％となった。

12 ブラーリング

ボボはブラーリング（blurring）のチャンピオンだ。ブラーリング[1]とは、職業生活と私生活のあいだの境界を消す素質のことである。この現象はますます一般的になっており、もちろんボボたちだけに関係しているわけではない。というのも、多くの管理職がさまざまな新しいコミュニケーションツールを手にしたことで、夜間も週末も仕事のメールに返信するようになったからだ（その逆に、次のバカンスのためのTGVのチケットを仕事場から予約することもためらわない）。しかし、ボボのあいだではブラーリングはまさに一つの生きる術だ。彼らには仕事と家のあいだの境界はほとんど見えない。写真家、建築家、グラフィックデザイナー、ジャーナリスト、アーティスト、さらにはソーシャルワーカーも「オフィスレス（SBF）」であったり、スケジュールも固定されていないことが多い。彼らはノートパソコンやスマートフォンを台所や居間のテーブルの隅に置き、それを使って仕事をする。それは自由の一形態ではあるが、ときにはその自由が奪われることもある。夕食を準備していたり、執筆中の記事や美術館の展示空間のための入札書類を仕上げようとしている時に、娘のバカロレア試験のためにヴォルテールの『寛容論』の復習を手伝うような場合だ。クリエイティブでフレキシブルなボボたちは、新しい働き方を創造するのに貢献しているのだが、自由主義の欠陥を家庭にもたらしてしまうおそれがある。そして、古きよき境界――それが希薄なものであるとしても――を取り戻す必要性を感じた時には、彼らは「コフィス（「コーヒーショップ」と「オフィス」の縮約）」あるいはコワーキングスペースに急いで逃げ込むのだ。

（1）ブラーリングは英語であり、「ぼやけた、曖昧な」を意味する。

13 ボボ

私たちは『ボボ共和国』のなかで、「ボボ」という言葉の輪郭をはっきりさせようと試みた。

「ボボとは、みずからの生きる場所と、ポジティブあるいはネガティブな〝価値〟を定めるのに際し、（人によって程度が異なる）経済資本よりも（彼らみなが多く備えている）文化資本のほうに重要性が置かれる人物のことだ[1]（……）」

「〝ボボ〟という言葉は、意味論から見て、互いにまったく関係のない二つの概念――マルクス主義的な意味での社会階級と、十九世紀の反順応主義的な芸術運動――を結びつけている。すでに出だしからよくない……。〝シュールレアリストの工員〟や〝パンク系農家〟といった発想について、人はどう思うだろう? ボボという言葉は不調和なのだ。その上、矛盾した語法でもある。というのも、ランボーやヴェルレーヌ、モディリアーニといった人物によって伝統的に描かれてきたボヘミアンの運動は、十九世紀半ばの裕福で勝ち誇った（小・大）ブルジョワジーに対するまったくの拒絶の上に形成されたからだ。ブルジョワたちは将来を見通し、富を蓄積し、それを見せびらかし、みずからの〝良き趣味〟や慣習、社会規範、宗教、モラルをほかの者に押し付け、自分の感情は階級内の順応的態度に隠す。ブルジョワはその地位に居座る。一方、自由奔放なボヘミアンたち（〝ジプシー〟と混同してはならない）はその日暮らしで生活し、芸術こそがその存在理由だ。つましさ、そして物質面の貧困状態すら、死ぬまでに何度か経験する美的なものなのだ。ボヘミアンは集団的な目的にも政治的な意見にも左右されない反抗的人間であり、彼らを動かすのは漠然とした無政府主義的個人主義だ。彼らは浮浪する[2]（……）」

「一八八五年に出版されたモーパッサンの『ベラミ』のなかに、デイヴィッド・ブルックス[*19]が自分が造り出したと思っていたであろう言葉の組み合わせが見られる――〝今度は、夫人のほうが彼の手を握った。力を込めて、長いこと。と、彼はこの沈黙の告白に心が揺り動かされるのを感じた。放縦な生活の好きな、気のいい、小柄なこのブルジョワの女（cette petite-bourgeoise bohème）に対して激しく浮気心が動いた。この女は、多分、真実自分を愛している〟〔『ベラミ』（下）、杉捷夫訳、岩波文庫〕」

「文学作品のなかで偶然発見されたものだが、ここでは文飾として撞着語法が使われたにすぎない[3]（……）」

「私たちの定義の範囲は、必ずしも文化資本を多く備えたすべての人びとでもなければ、経済資本よりも文化資本をより多く備えたすべての人びとでもない――もし仮に、文化資本と経済資本を同じ測定器で測ることができるのであれば（……）」

「私たちの定義は、ほかのさまざまな〝社会グループ〟も経済資本より文化資本を重視しながら暮らしているという観点から、反論されるかもしれない。たとえば、一部の宗教心の強い人びと――カトリック教徒やユダヤ教徒、あるいはイスラーム教徒で、宗教の掟をきちんと実践したり、自分の教会の正統教義を厳しく守るような人びと――は、経済資本よりも文化資本にしたがってみずからの生活を送っている。彼らもまた社会階層や経済状況にしたがうよりも、共同体の論理のなかで、都市や地区、街路の文化的な雰囲気によって、生きる場所をどこに定めるかを選択しているのだ。それゆえ、このような視点から、〝ボボ〟の特異性というものは存在しないと言えるかもしれない。ただし、ボボの特徴として、彼らはボボばかりが集まる場所*61ではなく（そもそもボボは自分をボボだと考えていないことが多い）、世界都市*95や一つの街区＝村*94ほどの規模の全体性をベースにした、さまざまな人びとが交わる場所を追い求めている。（コザール誌が提示した対比を用いると）ボボとカトリック教徒の違いは、前者は――たとえプライベートな生活スタイルに執着していても――一つの世界のような環境と公共空間*39のなかに、自分とは異なる他者を求めているのだ。グローバリゼーションのなかでのびのびと暮らすボボは、社会的・民族的側面において、（プライベートではなくパブリックな）共存、さまざまに異なる人びとの混ざり合い（融合、ではない）を求めている。ただしそのグローバリゼーションは、やはり互いに親密な社会関係を作る場合にだけ、彼らにとって居心地の良いものだ(4)（……）」

（1）T. Legrand et L. Watrin, *La République bobo, op. cit.*, p. 33.
（2）*Ibid.*, p. 31.
（3）*Ibid.*, p. 32.
（4）*Ibid.*, p. 33-34.

14　ボボ・バッシング

二〇〇〇年代の初頭に日常語として定着した「ボボ」という言葉は、ほとんどいつもネガティブに使われる。「ボボ」はたいてい、公然と相手を非難する形容詞であり、さまざまな言葉の同義語となっている——偽善的*54、気取った、上流ぶった、傲慢、優柔不断、もうけに終始する、出しゃばり、エリート主義、独占的、自信家、支配好き、など。「ここはボボの地区だ」、「ボボの店だ」、「ボボのレストランだ」は、大半の場合、「ここは私たちの地区ではない」、「私たちの店ではない」、「私たちのレストランではない」、あるいは「私はボボではない！」、「これはボボたちのせいだ」と言いたいのだ。この滑稽な短い言葉は、最初に受容された（「ほんの軽い傷」を意味する）「ボボ」と同じように、薄っぺらさや子どもっぽさを想起させる。

二〇一二年の大統領選挙キャンペーンの際には、ニコラ・サルコジが「口を閉じなさい。私はみなに向かって話しているのだ。君は何も知らない。君はボボしか知らない」と、自身の政権でかつて大臣を務めたシャンタル・ジュアノを責めた。彼女は大統領再選を狙うサルコジの「右傾化」を批判していた。

ボボ自身を含めて、みながボボ・バッシングというストレス解消法を実践している。さまざまな立場の男性政治家、女性政治家たちがボボについて口にした言葉を取り上げ、「ボボ」を「ユダヤ人」、「黒人」、「アラブ人」に置き換えてみようではないか。そうした発言は法に触れることが分かるだろう。「ボボ」を「ブルジョワ」にも置き換えてみよう。そうすると、容認できないほどひどいと感じるだろう。ボボは理想的なパンチングボールなのだ。というのも、誰も（あるいはほとんど誰も）自分のことをボボだと言わないからだ。したがって誰も文句を言わない。「SOSボボ」もなければ、〔動物愛護協会（SPA）ならぬ〕ボボ愛護協会（SPB）もない。二〇〇〇年にこの言葉が登場してまもなく生まれたボボ・バッシングは、演壇上で際立つのに非常に役立つ。右派の側では、ボボは「良識*8」の普及員、デラシネな偽善者だと非難する。良き市民を教化すると同時に罪悪感を抱かせ、環境保護あるいは反人種差別のための絶対的命令をボボは押し付けようとする、と右派は言う。また、ボボはあらゆるマイノリティの人びと（同性愛者や移民など）の要求をなんでも拾い上げて国民的まとまりを危険に晒しているし、そうした人びとを騙してもいる――マイノリティを擁護する一方で（特に外国人となると）親しく付き合うことを避け、庶民地区の目立たない場所で玄関の暗証入力装置に守られたり、戦略的に子どもを学区外の学校に通わせたりしている――とのことだ。二〇一三年にアラン・フィンケルクロートは「典型的なボボは混血を称賛しながら、要塞のなかで暮らしている」とジュルナル・デュ・ディマンシュ紙上で論じていた。また、二〇一五年十月にはローラン・ヴォキエが、みずからが議会の議長を務めるオーヴェルニュ＝ローヌ＝アルプ地域圏の山岳地域の議員たちの前で、「山に住む人びとを代表して物事を決めるのはパリの（→74「パリジャン」）ボボの役割ではない」と語った。「私を嫌っているのは都会のボボたちだ」（ローラン・ヴォキエ、ジュルナル・デュ・ディマンシュ紙、二〇一七年九月四日）。

ナショナリスト右派は、ボボがこのグローバリゼーションのなかで気楽に暮らしていることに耐えられない。ボボに愛国主義的な側面が欠けていることは事実だ。世界に「開かれている」とみなされているボボは、私たちの社会が抱えるさまざまな問題（環境問題がその筆頭）の解決策は、それが近くにあろうが遠くにあろうが、国のレベルにあるとは限らないと考えがちだ。ボボはみずからを「市民*26」であるとは思っていても、国に対する愛着はそれほど持っていない。右派の右派はそのことがこの上なく気に入らないのだ。

「〝アグロエコロジー〟というおかしな表現は、我が国の農業の力を破壊しようとする執念をごまかすものだ。農業の力が衰える代わりに、ボボは直販*25の一環として、農場まで買い物に出かける機会が増えるだろう。そこまで行くならベレー帽〔農民を指す〕にも触れられるし、農産物を一つ買うごとに写真を撮る権利も得られるだろう」（ニコラ・サルコジ、右派の予備選挙の運動中だった二〇一六年二月）

左派*43においてもボボを激しく非難する人びとがいる。ボボは、革命的左派vs妥協的左派という二つの左派の古くからの争いの種となっているのだ。新たな社会権の獲得よりも、自転車*92のための計画や、食堂へのビオ*9食品の導入を市に採用してもらおうと積極的に行動する「ボボの左派」を、左派の左派は長い間侮辱してきた。

「二〇〇二年に国民戦線（FN）の台頭をもたらしたのは私ではない。罪があるのは、労働者に背を向けた人たち、ボボのことばかり気にかけ、大衆を見捨てた人たちだ」とジャン＝ピエール・シュヴェーヌマンは語っていた。

一部の左派にとっては、ボボは現実からかけ離れた自由主義者であり、庶民地区に投資することで庶民階層を大都市の周縁に追いやるジェントリファイアーだ（→46「ジェントリフィケーション」）。

左派も右派も、ボボは自分の都合とイメージに合わせた世界の見方を押し付けていると非難している。

しかし年々、ボボに対する批判や嫌悪は弱まってはいないものの、右派も左派も結局は――彼らはそれを決して認めようとしないが――ボボが提案するさまざまな解決策を採用している。たとえば、右派の市長たちですら自転車専用レーンを作り、同性愛者同士の結婚を認めているし、かつて生産第一主義者であった左派の左派ですら、エコロジストのアイデアを支持している。そして、エコロジストのアイデアは階級闘争以上に、進歩主義者同士を結びつける新たな接着剤となった。ボボ・バッシングは非常に不当な事実の歪曲であることが多いが、それを打破しようとする動きが起こることはない。なぜならボボは、社会のなかで、他人の視線においてしか存在しないからだ。

15　ボボの悲劇

ボボの日常生活で起こる惨事をいくつか紹介しよう。

『ル・フーディング*40』によるオススメの店が一つもない街に来てしまったとき。さらなる悲劇は、友人たちと集まる約束をしたレストランの扉を開けると、この場所がミシュランのオススメであると知ったときだ（だが、この赤色のガイドブックがル・フーディングの株の四〇%を取得してからは、ボボたちは少し途方に暮れている)。

自分たちの住む地区にある馴染みの小さな*78服屋が、アパレルのフランチャイズ店に置き換わったのを発見したとき。

自分の息子が、紙用のごみ箱にバナナの皮を投げ入れようとしているところを見てしまったとき。

自分たちが子どもを私立の学校に入れようとしていることに気づいたとき。

五歳の息子が自分たちに何も言わず、フリーマーケット*93で知育玩具を売って得られたお金をすべてはたき、向かいのスタントでプラスチック製のスターウォーズの玩具を買おうとしていたとき。

娘がミニカーで遊ぶのを嫌がる一方で、息子が料理を学ぶのを嫌がったとき。

娘が、将来はトレーダーになりたいと言ったとき。

息子が、カトリック系のヨーロッパ・ボーイスカウト隊員になると決心したとき。

家族が自分たちのためにお金を出し合い、チーク材のガーデンテーブルをプレゼントしてきたとき。

娘の彼氏が、４ＷＤに乗って娘を迎えにきたのを目撃したとき。

息子が、サマーキャンプに参加して四輪バイクに乗ることを夢見たとき。

16 ボボ界

ボボの世界は地理的、社会学的、政治的に何を含んでいるのだろう? それは漠然としており、モヤのようで、ガス状の世界だ。

まず地理的な観点では、ボボ界の領域は流動的だ。ジェントリフィケーション*46や「ふたたび奪取した」都市中心部、かつての庶民地区――魅力的な不動産価格とそこに広がっていた多様性に引きつけられてボボたちが占拠した地区――の状況にしたがって、通り抜けが容易なその境界は移動する。ボボ界は、彼らが多くの場所に自然を残すよう心がけている都会の領域だ(シェアガーデン*58や都会の農園)。田舎においては、ボボは、アルフォンス・アレの夢を実現した。つまり街都市文化のかけらを畑に注入している。ボボは、(少数かつ分散している)新農村住人たち*72が本物の田舎風にすることと、……その逆もだ。

社会のなかでボボ界は、日常生活の選択において経済資本よりも文化資本に左右される同質性のない社会集団であり(↓13「ボボ」)、社会階級ではない。生活のやり繰りが難しいショービジネス界の不定期労働者と、映画や音楽の大人気プロダクションに勤めるリッチな管理職のあいだには、マルクス主義的な意味での階級利益は存在しえない。しかし、貯蓄額が大きく異なるその両者は、共通の関心を持ち、ポジティブな価値もネガティブな価値も共有しており、好みも合っている。ボボというこの社会集団は、みずからをそう認識もしなければ、集団としても集団に属する個人としてもその立場を受容もしないが（みなが他人から見てのボボである）、影響力を持ち、漠然とまとまった人びとであることには変わりない。ボボたちはフリーメーソン会員と同じように、何も言わなくとも互いを認識するものの、明確なコードは用いない。ボボの内面、ボボの話し方、ボボの反応を認識し、さらにはそれらを笑ったり、からかったりもする――からかっている対象が自分たち自身の世界であることを知りながらも。ボボは、カウンターカルチャー*30（ザズー*100やザディスト*99）や大人しいオルタナティブ・カルチャー（→53「ヒップスター」）、インテリ・ブルジョワジーやサン＝ジェルマン＝デ＝プレのブルジョワジー（→44「キャヴィア左派」）のなかに、祖先やいとこがいる。

政治的にはボボは左派*43に属する……が、左派といっても非常に幅広く、マクロン主義から極左までに至る。彼らは「両立させること*29」（それでも彼らはときに他者と自分を分け隔てる）と壁*70を壊すことを習慣としているだけに、それは論理にかなっている。ボボはエコロジストであり、フェミニストであり、反人種差別主義者であり、市民*26である。要するに、きわめてポリティカル・コレクトであり、良識*8の持ち主なのだ。

17 （ピエール・）ブルデュー

一九三〇年に生まれた哲学者・社会学者ブルデューは、ルイ・アルチュセールの弟子であり、一九七〇年にジャン＝クロード・パスロンとともに「文化資本」という概念を著書『再生産』[1]において導入した。従来からあった「経済資本」に付け加わったこの概念は、「ボボは社会的現実を見えなくしている」と考えている人びとのみならず、「ボボもボボイチュードも存在しない」と考えている人びとにも用いられているのだ！ したがって文化資本は、ボボの定義の中心にもあれば、ボボの存在否定の中心にもある。文化資本は、ある一人の人間に備わっているあらゆる文化的資源を包含している。それは学校での徳育・教育を通して獲得されることもあれば、家庭内において親から引き継がれることもある[2]。

（1）P. Bourdieu et J.-C. Passeron, *La Reproduction. Éléments pour une théorie du système d'enseignement*, Paris, Minuit, « Le Sens commun », 1970.

（2）P. Bourdieu et J.-C. Passeron, *Les Héritiers, les étudiants et la culture*, Paris, Minuit, « Le Sens commun », 1964.

18 ブルックリン

ブルックリンはボボの国際的中心都市、そして巡礼の地だ。ニューヨーク市のなかで最も人口が多いこの行政区（borough）には二六〇万人が住んでおり、およそ十人に四人は外国出身である。数十ある地区のアイデンティティは、さまざまな民族や宗教のコミュニティを中心として、移民の波が押し寄せるごとに形成されてきた。アメリカ黒人、イタリア人やアイルランド人の子孫、ラティーノ、ハシディズム派のユダヤ人、アラブ人、アジア人といった人びとが住んでいる。それこそがブルックリンの豊かさの源泉であるのだが、共和主義者のフランス人ボボを困惑させることもある。彼らはコミュニティが形成する社会的組織にあまり慣れていないのだ。

文化が極端に多様化し、住民の四人に一人が貧困に陥っているにもかかわらず、ブルックリンはメディアにおいてもボボの想像のなかでも、起業家の若者たちの活動の場であり続けている。彼らの大半は白人（↓11「白人の」）であり、礼儀作法を身につけ、タトゥーを入れ、ひげを生やし、自転車*92に乗って移動し、彼らの事務所と化したコーヒーショップでカプチーノを飲み、肩にトートバッグ*89を掛け、値段の高いビオ*9のスーパーや地元のクリエイターショップに通う。すなわち、ヒップスターたち*53だ。

ブルックリンは聖地となった。かつて物騒だった地区は、ものづくりに励む新しい職人たち*4が先端技術を駆使して未来の生活スタイルや消費スタイルを創り出す屋外実験室となった。

しかし、結局のところ、ブルックリンのイメージは歪められてしまった。今日、この行政区は全世界に輸出される人気ラベルならびに商品プロモーターが使用するマーケティングスローガンとなっている。ロンドン、パリ、ストックホルムの地区が変貌したことを、良きにつけ悪しきにつけ、「ブルックリニゼーション」と呼ぶほどだ。

19 （デイヴィッド・）ブルックス

今日ニューヨークタイムズ紙の論説記者である彼こそ、「ボボ」という言葉の生みの親だ。「ボボ（bobo）」は、英語の「ブルジョワ・ボヘミアン（bourgeois bohemian）」の縮約形である。ブルックスは、二〇〇〇年に出版された『アメリカ新上流階級ボボズ――ニューリッチたちの優雅な生き方』(1)〔セビル楓訳、光文社〕（*Bobos in Paradise : The New Upper Class and How They Got There*）においてこの言葉を造り出した。

このアメリカ人ジャーナリストはこの著書のなかで、一九七〇年代のニューヨークで抗議運動を行なっていた世代が、どのようにして一九八〇年代にヤッピー〔アメリカで、第二次世界大戦後のベビーブーム期に生まれた世代で、都会やその近郊に住んで知的職業に就いているエリート青年〕に、その後、二十一世紀の初頭に高い教養を持ったブルジョワジー――当時、クリントン夫妻によって体現されていた――に変貌したかについて説明している。ブルックスによって描かれた「ボボ」は、フランスではキャヴィア左派*44かサン゠ジェルマン゠デ゠プレ左派に相当するだろう。この本はむしろボボをからかったり批判したりする本であり、社会学的な分析をするとは言っていない。たとえば「マックス・ヴェーバーは安心して眠ることができるだろう」とブルックスは最初のページに書いている。「ボボ」という言葉はすぐに大西洋を越え、フランスメディアの多くの記事において、どちらかといえば裕福で、社会問題に関して進歩主義的な考えを持った人びとのことを指すようになった。地理学者のクリストフ・ギリュイ*50は二〇〇一年一月に、将来を見抜いたような論壇記事(2)をリベラシオン紙に執筆した。彼はその記事で、同年に行なわれた市議会選挙を「ボボ」がどうひっくり返し、左派のパリ市長を誕生させるかについて説明していた。

(1) D. Brooks, *Les Bobos*, trad. M. Thirioux et A. Nabet, Paris, Florent Massot Éditions, 2000.
(2) C. Guilluy, « Les bobos vont faire mal », *Libération*, 8 janvier 2001.

20 バターナッツスクワッシュ

バターナッツスクワッシュ、キンシウリ、ピンクバナナの違いが分からないだって？　一度もケールチップスを食べたことがないだって？　古くからあるこの縮み葉のキャベツの品種は、あらゆる効能を備え、数年前からビオ*9の売り場で大ブームとなっている。キクイモとスウェーデンカブのことを「戦時の野菜」や「貧窮時の野菜」、「ソ連時代の食料売り場の野菜」だとまだ思っているだって？　ブルートマト、パイナップルトマト、ブラッククリムトマトを自宅のバルコニーで育てていないだって？　すぐにあなたにこう言おう、「ボボ適性証書（Certificat d'Aptitude En Boboïtude, C.A.E.B）」を取得するにはまだ早い。ボボ宅では、ヴィンテージワインは客間で見せびらかされるのみならず、食卓にも現われる。ボボ嫌いの人びとは「食のスノビズム」と言うだろう。一方で、ボボ好きの人びとは「味の画一化に抗い、生物の多様性を保護しようとする意志だ」と言うだろう。

21 学区制

学区制は、多くのボボにとってのジレンマであり、悩みの種でもある。このテーマは、友人とのディナーを、映画『セレブレーション』〔一九九八年、原題 *Festen*〕のリメイク版へと変容させてしまう。ボボに向けられる非難の大部分は学校に関するものだ。彼らは庶民的で民族・宗教が混ざり合った地区にあるアパルトマンの家賃が安いのをいいことに、そこに住もうとする一方で、自分の子どもを評判が悪い学校に通わせるといった都合の悪いことは免れていると批判されている。共和主義的価値のなかでもとりわけ平等を訴えるボボは、学区内の学校を回避するような偽善者なのだろうか？　よくあるように現実はそう単純ではなく、もう少し複雑なものだ。

ジェントリフィケーション*46が進んでいる街の市長や区長によると、こうした問題は幼稚園や小学校ではあまり浮上していない。新しい住民の全員が自分たちの子どもをモンテッソーリやフレネといった、ほかとは異なる教育方式を採用する学校に通わせるわけではない（これらの教育がたとえ彼らに夢を与えているとしても！）。たいていの場合、彼らは自分たちが住む地区の学校に貢献し、保護者会に最も積極的に参加する。年末のパーティーではホットチョコレート作りに勤しみ、事務室での仕事にも打ち込む。また、両親が多忙な生徒たちの宿題を手伝い、彼らのためにさまざまな能力も発揮する。つまり、すべての子どものために全力を注いでいるのだ。

中学生になると事態は込み入ってくる。一般的に、中位中流階級および上流階級において、最も多くの「選択者」が見られる。社会学者たちによると、英語からの借用語である「選択者（choosers）」とは「最も選択を行なう傾向がある」人びとのことだ。社会学者のアニエス・ファン・ザンテン(1)は、パリの近郊都市圏に住む、子どもが中学に入ったばかりの家庭に、何度かインタビューを行なった。その結果、地元の学区を避け、「良い」と思われる中学校に通わせるために用いられる手段はさまざまだと分かった――住所を偽ったり、離婚経歴をでっち上げたり、ロシア語や中国語、あるいは特例を正当化するようなほかのオプションに突然熱心になったり、そしてもちろん、私立学校に進学させたり（そこでボボの子どもたちは、自分の子にとって「最善」を望む寸法直し屋のトルコ人や、薬屋を営むパキスタン人の子どもと出会うだろう）。ときに彼らは「悪い」中学校を容認し、現実と妥協する。音楽教育の特化クラス（CHAM）やバイリンガルクラスならば自分の子どもは大丈夫だ、と確信してのことだ。一般に考えられている以上にボボには良心の葛藤があるのだ。「連帯する自分」と「エゴイストの自分」、あるいはヴェーバー的な「信念倫理」と「責任倫理」に挟まれながら、彼らは渋々と選択を行なう。だが、ファン・ザンテンが分類し、ボボと呼べるであろう「インテリ」（研究者やジャーナリスト、アーティスト、公務員の管理職）と「メディエーター」（ソーシャルワーカーや教育者）といった二つの家庭タイプは、中流階級のなかでも地元の学区の公立中学を選択する傾向が最もある人たちであることが当該の研究で明らかになった。

彼らがこうした選択を行なう理由は、自分たちの文化資本を十分に信頼し、それを家庭で補うことができると知っているからだ。ただし条件として、壁によって外界から隔離された建物内で子どもがマイノリティにならないこと、精力的かつ結束した執行部と教員チームによって中学校が運営されることが確かでなければならない。彼らの選択はときに集団的な戦略を必要とする。モントルイユ*69やパリ十八区、トゥールーズでは、みなで一緒に学区制に加わってさまざまな好循環を生み出そうと、親たちが集団としてまとまった（たとえば Collectif Apprendre ensemble：

collectif-apprendre-ensemble.fr)。そして、うまくいっている！

それは利他心だけによるものではない。一般に考えられているよりも多く存在しているそうしたボボたちは、たとえその中学のレベルがあまり高くなくとも、自分が信じている社会モデル――助け合いながら暮らすことを学ばなければならない社会――のイメージに沿った中学に通わせることで、より多くのことを子どもは得ると考えている。彼らにとって重要なのは、あるがままの現実世界に子どもを適応させることだ。それは一種の文化的投資である。またそれは、社会学者のフワンソワ・デュベとナタリー・モンス、あるいは経済学者のエリック・モランが導き出した研究結果とも一致する経験的方法でもある。彼らは次のように示した。「ミックス*67が大多数の生徒たちの成績に与える影響は、良いものか、もしくは良くも悪くもないものだ。ほんの少数のエリートだけは、さまざまな生徒が混在した環境のなかで成績が少し振るわなかった（……）。社会的結束という観点でミックスがもたらす効果を見た場合、例外なくどの生徒にも利益がある。上層エリートにとっても。少数のエリートたちは、別の階層出身の生徒たちに囲まれることで大きな利益が得られる。さもなくば、彼らは将来の職業生活のなかで不利益を被るような〝ソーシャル・ハンディキャップ〟を抱えるリスクがある(2)」。

こうしたボボたちは、教師たちがきちんと養成され、クラスの異種混交性に対応する準備を整えるために活動している。学校内のミックスが地区のソーシャル・ミックスを反映できるよう、彼らは活動しているのだ。ボボに「学区回避者」のイメージが付きまとうとしても、結局のところ、彼らは最も有能な「ミックス推進エージェント」なのだ。その証拠に、彼らは市議会議員たちに最も頼りにされているのだから。

（1）A. Van Zanten, *Choisir son école. Stratégies familiales et médiations locales*, Paris, Puf, 2009.
（2）Interview de N. Mons, *Libération*, 18 octobre 2015.

22 カーヴ・ア・マンジェ

ボボはワインバーではなくカーヴ・ア・マンジェに通う。あなたのキャビストが、まるで食堂であなたをもてなしてくれるかのような場所だ。リヨンからビアリッツ、パリからマルセイユまで、キャビストたちは約十年前から、自分たちが提供する赤ワインをより美味にするための料理を作り始めた。彼らはサン・マルタン運河の近くにあるル・ヴェール・ヴォレ〔パリ十区に店を構える人気ビストロ〕のあとに続いた。人びとはそこでルイ・オスピタルから仕入れたバスク地方の熟成生ハムプレートやビストロタパスをかじりながら、自然派（→71「自然」）ワインを飲む。

23 メンタル負荷

ジェントリフィケーション＊46が進む庶民地区では、ボボパパたちはすぐに見つかる。彼らはスクーターの後部に子どもを乗せて――三輪自転車の前方のボックスに二人以上の子どもを乗せていることもある――学校から公園へ、公園から柔道教室へ、ダンス教室から家へと突っ走る。このような二十一世紀の過保護なパパたちは、パートタイムの仕事を選んでいなければフリーランスか、もしくはフレックスタイム制の知的職業に就いていることが多い。自宅でパソコン画面（→35「ディスプレイ」）を眺めながら働いているかもしれない。こうした生活スタイルのおかげで、ボボパパたちは「家事と育児」の多くを引き受けたり、かの「男女の仕事分担」に関する調査が明らかにしてきた遅れ[1]を取り戻すことに貢献したりできる。ボボのカップルはフェミニストであり、よく取り沙汰される「家事と仕事の二重負担」は、男女間で公平に分担されなければならない。

しかし、二〇一七年以降は「メンタル負荷」問題によって、ボボたちを大いに悩ます実情が明るみに出た。じわじわと深刻化していたその実情をブロガーのエマ（emmaclit.com）が巧みに描いている。彼女の漫画『頼んでくれれば良かったのに！』（*Fallait demander!* 未邦訳）はソーシャル・ネットワーク上で瞬く間に広がり、ボボの家庭では会話の重要なテーマとなった。

たとえボボパパが四本の腕を持ったヒンドゥー教の神シヴァのような存在だとしても、家庭管理の重圧に耐えるのはやはり、十本の腕（そして十五個の脳！）を持った女神ドゥルガーの生まれ変わりであるボボママだ。目に見えない、くたくたになる仕事を担うことでメンタル負荷を被り、つねにあらゆることに考えを巡らせなければならない。彼女たちは家族生活を管理し、計画し、先を見越して行動する。ボボたちにとって大いに残念なことに、みずからの家庭内ですらジェンダー*45に応じて社会的役割が相変わらず割り当てられていることに気づいた。それは自分たちの信念に反していた。複数の仕事を同時にこなしながら、二つの仕事アポのあいだに、誕生日プレゼント、夕食に足りない野菜、小児科医への予約、バカンスのためのTGVチケットについて考えるのは、会社トップを務める女性ボボだ。一方、男性ボボは言われたときだけごみを出したり、食器を洗ったりする。タスクを一つずつしかこなさないことに関してはエキスパートだ。

しかし、彼らはボボであるので善意に溢れている。女性ボボは、たとえその仕事の出来があまり良くないとしても……男性ボボに仕事を任せることを受け入れる。男性ボボのほうは、さらに積極的に家事に取り組もうとする。これは両立の別の形であり、その際、父親は特に産休を延長する。最初からただ良い習慣を身につけるために。

（1）二〇一〇年に発表された国立統計経済研究所（Insee）の最新調査によると、一九八〇年代から男女間の仕事分担は改善されたものの、家庭内では家事の六四％、育児の七一％を女性が担っている。

24　シャルリーとバタクラン

シャルリーエブド、次にはバタクラン劇場が標的となった二〇一五年のテロ襲撃により、ボボたちの無邪気さはなくなった。彼らはテロリストに狙われた地区（パリ十一区）の自宅にいた。その地区は理想的と思われていた世界であり、都市社会が混合できるあらゆるものに溢れた特異な地区、ジェントリフィケーション*46が進行する地区、都市の人口集中によっても人間味が失われなかった地区、パリの場末の歴史およびバリケードや解放闘争の歴史に満ちた地区。さまざまな人種、あらゆる性別の人びとがテーブルにつき、テラスに座り、恋人同士語り合う地区。快楽的で色鮮やかな地区。そんな地区で戦争が起きようとは、人びとはきっと想像もしていなかっただろう。テロリストに狙われたのは、神も、性別や肌の色の壁も存在していなかったこのような生活だった。バタクラン劇場より先にテロ襲撃に遭ったカフェのテラスは「ボボ」と呼ばれた人たちのものだった。

その数カ月前に、そこから遠くない場所で、蒙昧主義のなかでも最も暗いイスラーム原理主義のターゲットになったのは、無神論・自由・エコロジーを掲げていた新聞だった。恐ろしいテロ襲撃後、「シャルリー」はたちまち誰もが知る名前となった。シャルリーは文明的な近代性の形態を一つにまとめていたが、それはあらゆる宗教、第一に当時最も信心に凝り固まり、政治的だったイスラーム教に対する嘲笑を含んだ警戒心からなっていた。このような冒瀆的なイスラーム批判はボボたちに疑念を抱かせた。イスラーム教徒の生活スタイルについては、その保守主義的な面すべて、とりわけ原理主義的な面が嘲笑され、非難され、あるいは罵倒すらされた。しかし、ボボたちの寛容さの追求は、自分を冷静にもした。「［イスラーム教とイスラーム原理主義を］一緒くたにしてはだめだ」。ボボは完全に「シャルリー」なのだろうか？　実際に左派*43を取り巻いたこの議論は、ときに激しい形でボボ界*16に定着し、いわゆる寛容的なライシテ*59信奉者と非妥協的なライシテ信奉者を二分した。明らかなのは、ボボたちが二〇一五年において歴史的な悲劇を被ったということだ。彼らはもう、この世界の現実の少し外にいる夢見がちな人びとではない。

25 直販

生産者から消費者へ、農業用フォークから食事用フォークへ、船から皿へ、等々。十年ほど前から直販は人気を集め、ボボもそれに無関係ではない。以前は「地元」産品や「農場」産品、「地方」産品が話題だった。今では、二〇〇〇年代にサンフランシスコで生まれた運動である地産地消（locavorisme）および、自宅から二五〇キロメートル以内で生産された作物を食べる消費者、ロカヴォール（locavoires）(1)が話題となっている。農場・市場・商店での販売、農家直送の旬の新鮮野菜セット、アマップ*2、生協、ネット通販でのグループ購入といったさまざまな流通ルートのおかげで、仲介業者を減らし、さらには省くといったケースがだんだんと増えている。そしてもちろん、スーパーマーケットでよく目につく「ローカル産品」の陳列棚も。マーケティングのキャッチコピーのごとく、そこには生産者の紹介文と写真が添えられている。

市場調査会社イプソスが農家ネットワーク「農場へようこそ（Bienvenue à la Ferme）」のために実施し、二〇一四年に発表した研究によれば、「今や消費者の八〇％がローカル産品を購入することがあると言い、そのうちおよそ十人に四人は頻繁に購入していると述べている」。ボボおよびすべてのロカヴォールにとって直送は、自分たちの地域の経済を支え、(2) カーボン排出量を減らし、節約を行ない、同時に体を健康にする方法である。というのも、一般的にローカル産品は、それがビオ*9でないとしても熟したタイミングで収穫されるため、より新鮮だからだ。また、化学処理も、投入される保存料もより少なくて済む。ボボの選択において生産地に近いことは、今やビオよりも重要になっている（たとえその二つを両立させる*29方法がたくさん存在しているとしても）。

最新の農業調査によると、二〇一〇年にはフランスの農場の二一％が、特に南東部、北部、アルザス地域、イル＝ド＝フランス地域において、おもに蜂蜜、果物、野菜、ワインを生産し、直送していた。イル＝ド＝フランス地域では、野菜の集約栽培・促成栽培を行なう農場の約三分の二が、直送販売を行なっている。

もちろん、販売ルートが最も短いのは都市農業だ。この小規模農業は無視できない存在となっており、だんだんと広まっている。マンション、会社、大学の屋上や中庭、地下室など、作物を育てられる場所ならばどこでも利用する。こうして都市農業は、都会の畑やシェアガーデン*58、あるいはイギリス発祥の「参加型都市農業の市民運動」であるインクレディブル・エディブル(lesincroyablescomestibles.fr)に打ち込むボボたちを喜ばせている。この市民*26運動は、街のなかで果物や野菜を植えられる場所はどこでも利用するよう住民たちに促している。

「ホモ・ボボイトゥス」は矛盾や楽しみの一つぐらいどうでもいいので、ときには平気で罪を犯す——航空便で輸入されたマンゴーやパイナップルの購入だ。それとまったく同様に、ブルックリン*18で作られたTシャツをローカル製品だと考えている。ニューヨークは結局、彼らの第二の家なのだろう。

(1) この言葉は二〇一〇年にラルース辞典に登場した。

(2) ロンドン・スクール・オブ・エコノミックスの調査によれば、市場で生産者から一〇ユーロ分の作物を購入すると地元経済に二五ユーロ分の経済効果がもたらされる一方、スーパーマーケットで同額を支払った場合、地元経済には一四ユーロ分しかもたらされない(*Rapport d'information de la commission de l'Assemblée nationale sur les circuits courts et la relocalisation des filières agricoles et alimentaires*, juillet 2015)。

26 市民の

すでに使い古されたこの新しい形容詞の背後には、ボボを示すラベルがたくさん隠れている。ボボたちは「市民の」計画を立てたり、「市民の」運動に参加したり、「市民の」選挙立候補リストを作ったりしている。彼らはまた、小学校のお祭りイベントでは、「市民の」アヒル釣りゲームを企画する！（この「市民の」という言葉を「連帯の*85」や「公平な」に置き換えてみても、しっくりくるだろう）

買い物行為も含め（ボボは自分のことを単なる消費者ではなく、アマップ*2や協同組合、地域通貨、物々交換を活用する「行動する消費者」とみなしていることを指摘しよう）、日常のどんな行為にも政治意識を与えたいという少々ナイーブなこうした意欲を、甚だからかいたくもなる。

ボボは自分が暮らす住宅地域の集団社会に参加するのが好きだが、自分のことを世界市民であるとも感じている。彼らの動機は必ずしも利他的とは限らないが、この「市民の」という言葉は、自分の運命を手中に収めたいという思いや、ある種のパワー、すなわちアングロサクソン風の「エンパワーメント」を取り戻したいという思い——それは滑稽だとみなされうるが、結局のところ称賛に値する——をついには見えなくするのではないだろうか？ 小さな行動が日々積み重なってまとまると、最終的には社会的結束の一つの要素となる。

27 クリエイティブ・クラス

クリエイティブ・クラスは二〇〇二年にリチャード・フロリダによって展開された概念であり[1]、「都会に住み、移動が多く、能力が高く、接続された」新しい中流階級を指す。このアメリカ人地理学者によると、こうした（非常に広い）定義によって、クリエイティブ・クラスは北アメリカの労働人口の三〇%と購買力の七〇%を集め、支配階級となっている。情報技術者、アーティスト、建築家、ジャーナリスト、研究者あるいは教員——これらの人びとは彼の「三つのT」、すなわち「才能（Talent）、技術（Technology）、寛容性（Tolerance）」の概念によって定義されている。

フロリダによると、その創造性によって付加価値を作り出すこうした労働者たちを惹きつける街は、企業・資本・サービスもまた引き寄せることでダイナミックな都市となり、みなに利益をもたらす成長を作り出す。そうした好循環の想定はヨーロッパでも論争を生んでいる。ジェントリフィケーション*46を促進し、まず白人*11に利益をもたらす都市政策を地方自治体が正当化する方法を、多くの社会学者たちはそこに見てとっている。

（1）R. Florida, *The Rise of The Creative Class*, New York, Basic Books, 2002.〔『クリエイティブ資本論——新たな経済階級の台頭』井口典夫訳、ダイヤモンド社、二〇〇八年〕

28 堆肥（コンポスト）

ボボはたくさんの黄金……ではなく、「緑の金」あるいは、物質の分解状態によっては「茶褐色の金」の上に鎮座している。台所には堆肥を作るための生ごみ入れが置いてあり、良き生徒である彼らはそのなかに有機廃棄物を捨てている。堆肥はほんの数年前には、エコ意識を持ちたがっていた都会人たちの思いつきとしか見られていなかった。しかし、エネルギー移行法が求めるように、二〇二五年までにすべてのコミューンは有機物質（私たちのごみ箱の三〇％を占めている！）をバイオガスや堆肥に転換し、再利用しなければならない。

環境・エネルギー管理庁（Ademe）が導入した養成研修により、新たな職業である「堆肥マスター」が急増してさえいるようだ。

サンフランシスコやミラノにならって（パリは遅れを取り戻そうとしている）、ますます多くの街が「廃棄物ゼロ」を目指している。またフランスでは、約二〇〇の街が「ごみ減量奨励料金」を採用した。普及を狙ったこのシステムを使えば、各家庭はごみ容器の重量に応じて家庭ごみの回収費用を支払うことができる。

マンションの中庭やシェアガーデンのなか、あるいは街角で、堆肥は人びとを結びつける方法でもある。「もう捨ててはいけない」――これ以上にボボらしい表現はない。

心配しなくても大丈夫。コンポスト容器内のミミズやバクテリアが消化できないものは、ボボの新たな相棒であるめんどり*79が消化してくれるから。

29 両立させること

ボボイチュードはいくつもの矛盾を抱えている。だが、この社会グループの活力と社会全体に対するその影響力を作っているものこそ、まさにこの両面性であり、こうした矛盾だ。意識的であろうがなかろうが、ボボはしばしば自分を責めながら、相反するものを両立させようと試みる。これはまさに、彼らがかの「共生」の道を見つけようとしている人びとであるという証拠だ。ハイパーコネクトされ、相互依存的で、消費主義的な生活スタイルに触れたこの世界において、一つの社会を形成するために（今では「社会を作る」と表現される）、ボボたちは快楽主義*51と責任、過去（↓5「オーセンティシティ」）と現代性を両立させようとしている。彼らはこの世界の変化に適合しようとしているのだ。

両立させたいという意欲、さまざまな壁*70を壊したいという執念は、ボボたちを一連のあらゆる矛盾やパラドックスに直面させる。だが、たとえ必ずしもうまくいかないとしても、少なくとも彼らはそれらに立ち向かい、解決しようと試みている。それゆえ、彼らはしばしば偽善的*54あるいは滑稽に見える。新しいものを創り出したり、物事を揺さぶったり動かしたりするすべての人びとと同じように、ボボたちは批判の的になっているのだ。

30 カウンターカルチャー

一九六〇年代のカウンターカルチャーの継承者であるボボは、オルタナティブの価値を模索している。彼らは消費やマスツーリズムとは距離を置きたがり、エコの問題に敏感で、オキュパイ・ウォールストリート〔ニューヨーク市のウォール街周辺で経済格差の是正などを訴えた大規模な抗議運動〕やノートル＝ダム＝デ＝ランド〔フランス西部ナントの近郊で計画されたノートル＝ダム＝デ＝ランド空港の建設に対する反対運動〕、ニュイ・ドゥブ〔「夜、立ち上がれ」の意。エル・コムリ法（労働法改正）案に反対する二〇一六年三月三十一日のデモのあとに出現した大衆運動〕のような運動に親しみを感じている。型にはまったブルジョワスタンダードから距離を置くボボたちは、ストリートアート、ラップやヒップホップ、サーカスや大道芸、ストリートフード、ネオビストロや自然ワインを好み、ヨガや瞑想を実践する。（彼らでない場合は）彼らの子どもたちがスケボーやサーフィンをする。

そうすることでボボはサブカルチャーの普及に貢献しているが、マージナルだったサブカルチャーは市場システムに回収され、メインストリームとなる。そこでもまた、市場システムを堕落したものとみることができるし、社会が世界の変化に適応するのを促す方法とみることもできる。

31 共存

この政治地理学の概念は、「同じ一つの場所に個々人を集めることで、彼らのあいだの交流を最大にする」ことからなる。ミックス推進の*66ボボは、地理学者ジャック・レヴィ(1)によって理論化されたこの「共存」を構成する要素の一つだ。「共存」は必ずしも混合や融合を指すわけではなく、特にある地区や街の公共空間*39を共同占有することを意味する。「共存」は、政治・メディア言語の月並みな言葉を用いれば「ミックス*67」や「共生」について語る一つの手段だ。だが、実のところ、それは「共に生きる」というよりも、同じ場所で良い関係のなかで暮らすことを意味する。しかし「共存」には、世界都市*95において他者を知ることや、さまざまな差異を受け入れることを促すという利点がある。

(1) J. Lévy (dir.), *Invention du monde*, Paris, Presses de Sciences Po, 2008.

32 文化

文化は彼らの最も貴重な財産であり、ボボイチュードの主成分だ。ボヘミアンではないブルジョワが株式市場で株を運用して利益を増やしているように、ボボもみずからの文化資本を育んでいる。ボボは必ずしも文化資本を親から受け継ぐわけではなく、一九六〇年代以降の教育の大衆化および、文化へのアクセスの大衆化のおかげでそれを獲得できた（今日では一区分の年齢層の約八〇%がバカロレアを取得し、二十五歳から三十四歳までの四〇%以上が高等教育を受けている）。

ほかのことと同様、文化に関してもボボは規範を壊すことが好きだ。というのも、彼らはあらゆる形態の文化を受け入れるからだ――大きな美術館での表現主義の絵画展、「スーパー集団が運営している素晴らしい場所*61」での反体制的なインスタレーション、ヴィクトル・ユゴーの『見聞録』の（再）読書会（ボボの本棚やビデオライブラリーの棚はクラシック作品で溢れている）、ストリートアートの壁画を観るための都会散策、ミシェル・ルクレールやウエス・アンダーソンの最新映画、話題のテレビドラマ、そしてもちろん、他国の文化を享受するための旅行*98。

ポピュラー文化からも必要なものをそこに加えよう。ただし条件がある。すでに廃れた、ユーモアたっぷりの文化か、あるいは外国からきた文化でなければならない。ジョニー・アリディが亡くなった時にボボはその明白な事実に屈するしかなかったとしても、このロック歌手は彼らの趣味ではない。ボボは文化的多数派を獲得するにはまだほど遠いのだ！

ボボたちは熱心に地元の本屋に通っている（ネットフリックスに登録して以降、通う回数が少し減ったことは間違いない）。そしてボボ同士、自分の子どもが読書好きになるためのノウハウを交換している。

もちろん彼らは、この貴重な文化資本を子どもに継承するためにあらゆることをする。音楽教育特化クラス（CHAM）に通い、資質を開花（↓37「生き生き」）させる校外活動にたびたび参加する子どもたちが、ブレルやブラッサンス、バルバラの詞を愛好し、『王と鳥』や『地下鉄のザジ』、『大人は判ってくれない』といった映画を好きになるようボボ親たちは願う（だが、子どもたちはリンジー・ローハン主演の『ミーン・ガールズ』を観るための正当な理由も見つける――「だからママ、このドラマはオリジナルバージョンだし、アメリカ社会を批判しているんだ。『サウスパーク』のようにね」）。ちびボボは、非常に幼い頃から子ども向けカルチャーカフェ、サーカス、劇場、オルタナティブのアートギャラリー、それに、アクティビストである親戚がよく通う文化団体が企画するさまざまなイベントに連れて行かれる。

33 『TOMORROW パーマネントライフを探して』

ボボを象徴する映画といえるかもしれない。『TOMORROW パーマネントライフを探して』

〔原題 Demain, https://www.demain-lefilm.com、日本語版ウェブページ http://www.cetera.co.jp/tomorrow/〕は、環境活動家シリル・ディオンと女優メラニー・ロランが監督したドキュメンタリー映画だ。新しい世界を創ろうと試みている世界各地の市民に出会うために、二人は旅に出た。二一〇〇年までに人類の一部が消滅するおそれがあるとしても、行動する時間はまだあるという前提の楽観的な映画だ。デトロイトからイギリス、コペンハーゲンからノルマンディー地方、サンフランシスコから南インドまで、農業、エネルギー、住居、経済、教育、民主主義といった領域において、連帯と創造性を発揮することは可能だと人びとが証明する。また、みずからの運命を手中に取り戻すことも可能だと。

資金を見つけるのが困難だったため、参加型*75方式によって一部の資金を調達した『TOMORROW』は、映画館に一〇〇万人以上を動員し、セザール賞の最優秀ドキュメンタリー賞を獲得した。ある人にとっては良心の映画であり、ほかの人にとっては気づきの映画だ。世界中のローカルなイニシアチブ――近辺と遠方というボボの二つの地平――をこの映画は推進している。

34 持続可能な

持続可能な漁業、持続可能な農業、持続可能エネルギー、持続可能な消費。ボボの人生は、たとえそれに必ず終わりがあるとしても、持続可能でなければならない。進歩・産業・経済成長は切り離せないものだとまだ考えられていた時代に生まれたボボたちは、大人になるにつれ、地球の環境は有限であることに気づかなければならなかった。みなが脱成長論者になるまではいかなくとも（彼らは脱成長運動に共感は感じているが）、ちょっとした良い行動を日々心がけている――歯を磨いているあいだに水を出しっぱなしにしない、部屋を出るときは明かりを消す、お風呂に入らずシャワーを浴びる、自宅の屋根にソーラーパネルを取り付ける、ごみを分別する、堆肥[*28]づくりを始める、ビオ[*9]製品を食べる、といったことだ。ボボは苦行者ではなく快楽主義者[*51]であるため、自分たちの生活スタイルが偽善的[*54]だと非難されうることをよくわかっている。こうした「持続可能な」行動をすべて足し合わせたとしても、大した効果がないことを知っている。「シャワーの時間を短くすることなど無視せよ」[1]とアメリカの活動家・作家のデリック・ジェンセンは二〇〇九年に書いていた。その三年前にはドキュメンタリー映画『不都合な真実』が公開され、主演を務めた民主党のアル・ゴア元米国副大統領が、気候温暖化と闘うために個人としてできる解決方法をおもに提案していた。ボボたちは、政治と産業における真の意志からしか救済はやってこないだろうと深く理解した。だが彼らは、環境活動家であり『TOMORROW

パーマネントライフを探して』*33の共同監督であるシリル・ディオン(2)の、「物質主義的で消費主義的な現在の支配的ストーリーを書き換える」必要があり、「また、こうしたちょっとした行動は考え方を変えるきっかけとなり、システムに囚われているという感情から抜け出すことができる(3)」との説明に、耳を傾けるのが好きだ。自分ができることとして、彼らは別のストーリーを語ることや、メンタリティを変化させることに貢献している。

(1) «Prendre des douches plus courtes ne sert à rien !», éditorial, *Orion Magazine*, 9 juillet 2009.
(2) C. Dion, *Petit Manuel de résistance contemporaine*, Arles, Actes Sud, «Domaine du possible», 2018.〔シリル・ディオン『未来を創造する物語——現代のレジスタンス実践ガイド』丸山亮・竹上沙希子訳、新評社、二〇二〇年〕
(3) 二〇一八年五月二十一日にラジオ局 France Inter の朝の番組で放送されたインタビューより。

35 ディスプレイ

あぁ! 頭痛の種であるディスプレイ! 仕事にも、世界中の友人たちと連絡を取り合うためにも使っているスマートフォン、タブレット、パソコンのおかげでハイパーコネクトされたボボたちは、「世界を理解するための素晴らしいツール」を自分の子どもから取り上げることができる立場にないようだ。しかし、彼らはこれらの機器を警戒しており、子どもがそれらに晒される時間に限度をもうけるための戦略を、ＧＡＦＡの経営者たちのように一生懸命考えている。フォートナイトをプレイするか、ネットフリックスでドラマを観たいだって？　わかった、でもまずは一時間読書をしなさい。机の上に携帯電話を置いてはだめ（「最低限のことだ！」）。寝室で使うのもだめだ（「時間を確認するだけならよし」とするか……）。テレビに関しては（持っていればだが）、一九四〇年代のアメリカ映画の古典や、施設に預けられた子どもに関するドキュメンタリーを観るのにとりわけ役立つ。もちろん毎日、大方針との折り合いが多少つけられる……。情報経済の中心にいるボボたちにとっては、いつもこうした両立*29の試みがなされる。しかし、全体的にはバランスの問題だ。読書する時間も、カプラのような木製のさまざまな知育玩具で遊ぶ時間も必要だ。そして、退屈な時間も！

36　仲間うち

ボボは、社会にとって有害かつ罪深い仲間うちを育んでいる。これこそ、政治家や知識人のあいだの議論のなかで多く耳にする主張だ（↓14「ボボ・バッシング」）。アラン・フィンケルクロート(1)――ボボを非難することをみずから専門とした――曰く、ボボは「自分たちの境界は念入りに作りながら、国境の廃止を訴える。彼らはミックス*67を称賛するが、雑居状態は避けている（……）。

ボボは〝他者〟というキーワードを絶えず繰り返しているが、彼らが異国趣味を育んでいるのは仲間うちの快適さのなかでだ」。

（1） A. Finkielkraut, *L'Identité malheureuse*, Paris, Stock, 2013.

37 生き生き

ボボは金持ちにならなくとも、成功しなくとも……生き生きしている！ 彼らは仕事のなかで、職業生活のなかで生き生きしている（少なくとも生き生きしようとしている）。そして特に、自分たちの子どもをのびのびと育てようとしている。

こうした幸せの追求は、型通りのブルジョワ階級にとって重要なエリート主義とはかなり異なっており（「表向きには」！）、オスカー・ワイルドの言葉を言い換えれば「自分らしくあれ、他人らしさはすでにとられている」と要約できよう。

ボボは権威主義的な家父長制に背を向け、放任主義による被害のブーメランを食い止めようと試みながら「ポスト六八年」の泥沼のなかでさまよったあと、困惑しながらも「ポジティブな親らしさ」というルールを適用しようとしている。彼らは「よくやった！」といった言葉やほかのアメリカ式のビタミン過剰な励まし方、罰よりも褒美を使いこなすことを学んでいる。だが、ボボも完璧ではないため、失敗することもある。一日働いたあと、夜に（娘が勉強の復習をしていると思いきや、携帯を触っていたことにまたも驚かされて）娘の部屋のドアを静かに閉めるのではなく、いらだって顔を歪めながら怒鳴ることがある。（「ポジティブな親らしさ」のマニュアルに書いてあるように）「休憩時間」をとり、一度落ち着いてから「ねぇ、君がスナップチャットで気が散らないよう、どんな解決策があるか一緒に考えるのはどう？　もし携帯に振り回されるなら、勉強しているときは僕らがそれを預かったほうがいいんじゃない？」と提案する代わりに、「くそっ、また携帯を触っているのか？　もううんざりだ。お前はどうしようもない愚か者になるだろう!! 携帯は没収だ！」と怒鳴ってしまう。同様に、少々行き過ぎた行為（尻叩き？）にうっかり走ってしまうこともある。こうして自分自身のコントロールを失うと、「自分は国際刑事裁判所で訴追されるに値する」といった感情にすぐに苛まれる。

ボボは、自分も子どもも精神科に何度も足を運ぶ。彼らはみな三歳までに精神科医や行動心理士、精神分析を行なうソフロロジスト、アートセラピストにすでにかかっている。以前はしつけはよりシンプルなものだったが、必ずしも今よりよかったわけではない。

しかし、単純なイメージに陥らないようにしよう。社会学者フランソワ・ドゥ・サングリの言葉を借りれば、「同伴が服従に取って代わる」「水平的な家族内」に、一つの枠組みと「優しい権威」を取り入れることで、子どもは自立し、個人として成長しやすくなるとボボは確信している。そしてできれば申し分のない人間になってほしい、と。というのも、「生き生き」や「優しさ」のあとに続く言葉は「責務」だからだ。適応能力を持った申し分のない人間はニュースや世界の動向に関心を持ち、もちろん本を読む。彼らのモットーは読書だ。それはラタトゥイユ〔一般的に子どもがあまり好まない食べ物〕のようなものだが、読書を勧めることを決して止めてはならない。彼らはいつか読書が好きになるのだから！

ポジティブ心理学とポジティブ教育の違いはほとんどない。また、たとえボボがフランス共和国の学校を支持し続けているとしても、権威主義的で垂直的な知識伝達にまだ根差しすぎているメソッドを遠慮なく批判する。「新しいタイプ」の学校に幼稚園から通ったことがないボボたちは、子どもたちが自分のペースで学べるよう、公立学校にアクティブ・ラーニングと認知科学が導入されることを夢見ている……。「教育専門家」よ、ボボの身体から出ていけ！

38 食料品店

モノプリ、カルフール・シティ、そして大手チェーンのほかの小型スーパーにより、「街角のアラブ店」はほとんど潰れてしまった（何よりも二〇〇八年に公布された経済近代化法[1]のせいだ）。しかし、ボボは地域の食料品店をうまく復活させるかもしれない。その店の様子は、レ・ニュル

〔Les Nuls、コメディアングループ〕の滑稽な店員で「それは可能だ!」がモットーのアッサン・セエフのものとは確かに違っているが、べらぼうに高いコンセプチュアル・パッケージを販売しているシックな食料品店ともかなり異なっている。しばらく前から、果物や野菜、乳製品、肉、乾物を豊富に取り揃えた昔ながらの食料品店が増加している。適正価格の直販*25やビオ*9製品、あるいはとにかく質の高い製品をこれらの食料品店は促進している。そこでの客は、量り売りやデポジット容器で商品を買うために、エコバッグだけでなく空き瓶や空ボトルを持って、かつてのように買い物をする。というのも、よく知られているように、ボボは(〔ジャン=イヴ・〕ボルディエのように)昔の伝統を復活させることが大好きだからだ。

(1)この法律により、小型スーパーマーケットの大きさである一〇〇〇平方メートル未満の店は設置許可〔の申請手続き〕が必要なくなった(それまでは三〇〇平方メートル未満の店が対象だった)。

39 公共空間

公共空間はボボイチュードが抱える多くの矛盾の一つだ。社会学者たちは、庶民地区へと移り住むこの教養のある中流階層が、仲間うち*36でかたまって暮らすのをしばしば非難し、また同時に、自分たちの生活スタイルをそこに植え付けようと公共空間を我が物にしている、と批判

する。(1)

物事をさらに細かく見てみよう。ボボの日常生活では、通りが重要な役割を果たしている。ジェイン・ジェイコブズが『アメリカ大都市の死と生』(一九六一年)〔山形浩生訳、鹿島出版会、二〇一〇年〕で示したように、通りは社会化と都市文化の核心だ。特に庶民地区の大通りは、ボボをはじめとする地域住民たちがそこを横切るだけにとどまらない生活の場である。彼らは路上や小さな商店(→78「小さな」)のなかで出会い、お喋りする。ミックス推進の*66ボボは、お店の人や隣人が我が子をファーストネームで呼び、見守ってほしいと考えている。彼らはストリートアートを鑑賞し、子どもたちはストリートスケートをする。ストリートフードを味わい、フリーマーケット*93や古物市、地域の祭りを企画し、キッズフレンドリー*42なテラス、あるいは運河や川の岸でアペロを楽しむ。

ボボはソーシャル・ミックスが実現された自分たちの地区の「自律と共生」を称賛しながら公共空間を占有し、さらにそこを自分たちにとって「住みやすく」する。まずは、より持続可能な*34空間に変える。たとえば、パリ、モントルイユ*69、ボルドー、マルセイユで街の緑化を進めるのは彼らであり、徒歩を促進する(といっても歩くのは家と学校のあいだである)。この話題の「歩きやすさ」(walkability)は、もはや「ボボの地区」だけでなく、多くの街が掲げる目標にもなった。また、より清潔で安全な空間でなければならない。教養のある中流階層は、無秩序なごみ捨て場について真っ先に苦情を言い、麻薬の密売や治安の悪さに対して真っ先に立ち上がるのだ。

公共空間をふたたび手に入れようとする意志は、好影響を生む可能性がある。その生活環境の改善は、ボボよりも前にそこにいた、より恵まれない住民たちから評価されている。しかし、「自律と共生」はそれでもやはりジェントリフィケーションを伴い、ボボの（当然の）市民的*26善意にもかかわらず、ボボの規範も財力も持っていない人びとを結局は排除してしまうかもしれない。

（1）A. Collet, *Rester bourgeois. Les quartiers populaires, nouveaux chantiers de la distinction*, Paris, La Découverte, 2015 ; S. Tissot, *De bons voisins. Enquête dans un quartier de la bourgeoisie progressiste*, Paris, Raisons d'Agir, 2011.

40 『ル・フーディング』

「ボボ」と同じく「フーディング」も造語であり、フードとフィーリングという二つの言葉を縮約したものだ。それゆえ、食べることが大好きなボボたちがこの言葉を本や雑誌で参照していても驚くに当たらない。『ル・フーディング』、それは、ビストロノミー*10やネオビストロ、カーヴ・ア・マンジエ*22、モダンな大衆食堂、タパスバー、下町食堂、庶民的かつ流行のストリートフードについて、ボボに手ほどきしたガイドブックだ。またそれは彼らを星付きレストランから解放したものの、だからといって技量や伝統を捨てることはなかった。このガイドブックによって彼らはユニークな料理、次にタパスを注文するようになり、ロックンロール風のシェフやひげを剃らず髪を逆立てたウェイターがいる店に通うようになった。ときにはまた別のステレオタイプに陥るのを覚悟で。

41 都市部の放置された跡地

数年前から、クリエイティブ・クラス*27が都市部の放置された跡地に入り込んでいる。パーティーを催すためだけでなく、菜園を作ったり、創作プロジェクトを開始したり、社会的連帯経済のスタートアップ*86を育てたりするためだ。廃墟ビル、かつての郵便物区分センター、空っぽの病院、放置された工場跡地が、芸術団体やイエス・ウィー・キャンプ（yeswecamp.org）、ベラストック、スクマシンといったグループに委ねられ、彼らがその場所を一時的に活気づけている。一時的というのは、こうした跡地の多くが最終的には不動産計画を受け入れることになるからだ。

それゆえこれらの跡地の占有契約は、エコ地区化計画やほかの不動産計画が現われたら終了する。「公式の不法占拠」のようなものだ！　民間・公的所有者にとっては、自分の土地や建物が本当に不法占拠されたり状態が悪化したりするのを避け、そこをわずかな費用で維持し（ときにはその場所の汚染を除去してもらうこともある）、したがってその不動産価値を高める手段となる。占有者にとっては、無料あるいは非常にお得な費用で場所を借りられる手段となっている。

パリのグラン・ヴォワザン計画、ナンテール〔パリ北西〕のヴィーヴ・レ・グルー計画、パンタン〔パリ北東〕のアール・パパン計画など、イル＝ド＝フランス地域圏では二〇一二年以降、「暫定的な都市計画」が六十二の地区で生まれた。ナントからマルセイユまでフランスの多くの街で、そしてヨーロッパ全域でそうした都市計画が見られる。

都市の実験場、さらには都市のユートピアの様相を呈する第二の道だ。それは人びとが交わる空間であり、彼らが相互交流する地区のイメージのみならず、街全体のイメージを変えることにも貢献する。

この「暫定的な都市計画」は、一部の人からは「ジェントリフィケーション*46が始まる前の小休止」、ほかの人からは「持続可能な*34街の土台」と見られている。いずれにせよ、それは街を作る新たな別の方法だ。より参加型で、よりクリエイティブで、よりオープンで、そしてより有効な方法なのだ！

（1）以下を参照。*L'Urbanisme transitoire, aménager autrement. Note rapide de l'Institut d'aménagement et d'urbanisme (Île-de-France)*, février 2017.

42 フレンドリー（好意的）

ボボはフレンドリーだ。彼らはゲイフレンドリーであり、エコフレンドリーだ。ヴィーガンフレンドリー、キッズあるいはファミリーフレンドリー、ドッグフレンドリー（あぁ！　そうした高級食料品店やレストランは、通路に犬用の水飲み容器を置こうと考えている）といった場所[*61]に頻繁に足を運ぶ。

実際、フレンドリーはオープンで寛容であることを示す、全世界に広がった手法だ。ボボイチュードのしるしのようなものであり、それを濫用することが許されている。だが、すべてに対して濫用が許されているというわけではない。ボボはもちろん、ガンフレンドリーではない。

43 左派

ボボは右派であることもある。しかし、映画俳優ジャン・ギャバンがアンリ・ヴェルヌイユ監督の映画『大統領』のなかで非常にうまく述べているように、左派の雇用主たちと同様、「トビウオもいるにはいるが、それは魚の種類のマジョリティを占めてはいない」。したがって、ボボの多くが左派であっても、左派全体がボボであるということではない！　むしろボボの数は多くはない。「ボボ」と呼ばれる左派は都会人であり進歩主義者だ。左派が強い街の議員たちは、組織や文化活動においてしばしば非常に積極的なボボの有権者たちと、より庶民的で伝統的な左派の人びととの両方をうまく相手にしなければならない。前者と後者は自分たちの議員に対して必ずしも同じ期待を持っているわけではない。

二〇〇〇年代初めから、左派政党のリーダーたちは庶民階級の人びとからの支持を取り戻そうとする一方で、ボボに譲歩しすぎたのではないかとたびたび感じている。だが、彼らはボボのおかげでいくつもの主要な市（パリ、ナント、レンヌ、リヨン、モンペリエ、グルノーブル、リール）で議席を保持し、獲得さえした。そのような問いは無駄であり、いつも答えは見つからない。というのも、ボボイチュードの定義は左派の政治リーダーたちにとっても多くの人びとにとっても曖昧であり、その社会学的な輪郭、したがって選挙の輪郭ははっきりしないからだ。

しかし、二〇一一年にフランソワ・オランドが大統領に選出される前には、普段、社会党と活動をともにするシンクタンク「テラノヴァ」が、政権を取り戻すための新たなアプローチを勧める報告書を作成していた。「今日において左派は、歴史的な階級の団結を取り戻すことはできない。というのも、労働者階級はもはや左派票の核心ではないからだ。労働者階級は、左派の価値全体にもはや同調していない。彼らはかつてのような、選挙で左派が多数派となる原動力にはなりえない。労働者階級、ひいては庶民階級に対して左派が階級戦略を展開しようとすれば、自分たちの文化的価値を放棄すること、すなわち、社会民主主義を捨てることが必要となるだろう」。

テラノヴァは、左派の新たな約束は国民のなかの四つのカテゴリーと結ばれなくてはならないと考えた——高等教育修了者、若者、マイノリティの人びと、そして女性だ。こうしたカテゴリー（とりわけ高等教育修了者）の表明は、テラノヴァを非難する人びとおよび、カテゴリーよりも階級の左派を支持する者たちに、「ボボの左派」はたちまち左派を滅ぼすだろうと言わしめた。「クリエイティブ・クラス*[27]」の高等教育修了者に重くのしかかった大勢の人びととの不安定化と社会不安は、この論争を無効化した。二〇一七年、ジャン＝リュック・メランション率いる政党「不服従のフランス」は、自分たちの成功を作り上げたが（五月の大統領選挙の第一回投票で二〇％近くを得票し、六月の国民議会議員選挙後には院内会派を形成した）、その際の言説は、伝統的な庶民の左派と、ボボ界を構成する人びとの諸カテゴリーを同時に重視するものだった。

44　キャヴィア左派

二〇〇〇年以前、そして「ボボ」という言葉が登場する前には、「キャヴィア左派」という表現が、「ボボ」が言わんとすることの一部（たった一部）をカバーしていた。一方で、ニューヨークのリッチな進歩主義者たちを指すためにデイヴィッド・ブルックス*[19]が作り出したような、元の「ボボ」という言葉は「キャヴィア左派」に相当していた。一九八一年五月十日から政権の座に就いていた左派*44の新たなエリートたちを非難するために極右系誌〔『クラプイヨ』〕が初めて用いたこの表現は、一九八〇年代から九〇年代に普及し、その後、政治討論からほとんど消え去った。

ボボの左派は、経済資本によってキャヴィア左派と区別される。ボボは「キャヴィア極左主義者」のように多くの文化資本を持っているが、後者のカテゴリーに含まれるには多くの経済資本も持っていなければならない。経済資本はボボイチュードにとって重要ではない。キャヴィア左派は〔少なくともその生活スタイルにおいて〕経済自由主義に共鳴しており、必ずしもエコロジストではない。「キャヴィア左派」と「ボボ」の共通点は、少なくともどちらの言葉もまず第一に、公的な議論においてそれに該当する者を非難し、価値を貶め、信用を失わせるものであるということだ。

45 ジェンダー

ボボはパリテ〔男女同数〕（だけでなく、彼らにとって神聖不可侵の「良き趣味」）の名において、非常に早くから青色とキラキラしたピンク色のベビー服に抗して闘っている。彼らみながジェンダースタディーズ——性の概念と男女間関係の社会的形成を焦点として一九七〇年代にアメリカで発展した――の専門家ではない。しかし、ボボたちは性の平等が赤ちゃんのときから始まっていることをよく理解している。性に関するステレオタイプと闘うために、彼らは自分の娘に対し、ミニカーで遊ぶことやサッカーチームに入ることを積極的に勧める。他方、息子に対しては、ミニカーやサッカーで遊ぶのを思いとどまらせている。なぜなら「車は大気を汚染する」し、「サッカーは〔ファウルを受けたと見せかけて〕審判を欺く人たちのスポーツ」だからだ（ボボは矛盾を気にしない）。そして、ダンスや人形遊びをするよう仕向ける。

ボボたちは赤色の自転車[*92]が「絶滅危惧種」になったことを知って絶望し、おもちゃの性的側面が一九八〇年代から過度に強調されたことを呪い（ストロベリーショートケーキ〔イチゴの帽子を被った女の子のキャラクター〕さえも思春期前のピンナップガールになってしまった！）、ボードゲームやカプラ、よりジェンダーニュートラルなおもちゃを以前から提案してきたオキシビュル〔知育おもちゃ屋〕（かつての店名はフナック・エヴェイユ・エ・ジュ）によく通い、ジュエクラブやスュペルUが自分たちの商品カタログをジェンダーフリーにすることを決めた時には拍手喝采し、ほかの店もそれを真似し始めているのを見て喜んでいる。というのも、ロンドン大学シティ校の昨今の研究が指摘しているように[1]、事態が変化しているからだ。新商品のジェンダーニュートラルなおもちゃのおかげで、女の子たちは人形や化粧品、ままごとセットで遊ぶ傾向が弱まっている一方で、男の子たちも、典型的な男子の遊びをすることが少なくなった。

生徒のボボ親たちは、球技を行なう男の子たちにグラウンド全体が占有されないよう、運動場に関して検討し直すよう真っ先に要求する。女の子たちはすでに都市空間の周縁に追いやられているが、球技でも男子にめったに受け入れてもらえない。

ボボの子どもたちの棚には（センチメンタルな気持ちから捨てられない昔の絵本『マルティーヌ』や『プリンセス・シシー』のDVDの横に）『ピンク色が好きだった男の子』、『オギュストの人形』、『女性騎士ペロニーユ』〔以上、未邦訳〕、『ちいさなフェミニスト宣言——女の子らしさ、男の子らしさのその先へ』〔新行内美和訳、現代書館、二〇二〇年〕のような、クリスティーヌ・ブタン〔保守派の政治家〕やリュドヴィーヌ・ドゥ・ラ・ロシエール〔同性婚反対運動のリーダー〕を震え上がらせるであろう作品が並んでいる。

ボボはフェミニストであり、男が座りながらおしっこをすること（あるいは、トイレの便器をきれいにすること！）を学ぶことにまったく反対しない。だが、「ジェンダー理論」の支持者たちが考えていることとは違い、彼らは男女の生物学的現実を否定したいとも、自分の子どもを中性的な人間に育てたいともまったく思っていない。

（1）B. Todd, «Sex Differences in Children's Toy Preferences : A Systematic Review, Meta-Regression and Meta-Analysis», *Infant and Child Development*, vol 27, number 2, 2018.

46 ジェントリフィケーション

ジェントリフィケーションは、ボボによって招かれる深刻な病気だ。ボボは自分たちが占有する街や地区をお金を持つ者だけにしか住めないようにし、そのことで彼らは非難されている。だが、コレステロールとまったく同じように、悪いジェントリフィケーションもあれば、善いジェントリフィケーションもある。まずはこの言葉を定義しよう。

「ジェントリフィケーション」は、一九六四年にイギリスの社会学者ルース・グラス*48によって造られた言葉だ（「小貴族」を意味する英語の〝gentry〟から来ている）。マルクス主義を研究していたルース・グラスは、裕福な世帯が庶民地区を占有するような階級闘争について記述した。こうした裕福な家庭が住まいを変貌させることで、彼らに占拠された地区の不動産価格は上昇するという。そうして、貧しい人びとにとっては高価で手が出ないものになる。ルース・グラスは一九六〇年代の初めにロンドンのイズリントン地区でこの現象を観測した。ほかの社会学者や地理学者たちは、一九七〇年代にアメリカで類似のプロセスについて記述するためにこの言葉を取り入れた——戦後、近郊住宅地や広い一戸建て住宅を好んだ上位中流階級から見放されていた街の中心部には、庶民階級や労働者、地位の低い会社員があふれた。これらの人びとは見捨てられた街の中心部で手頃な価格の住居を見つけていた。一九八〇年代には逆の動きが始まっていることが観察される。裕福な世帯が街の中心部に戻ってきたのだ。彼らは古くからある豪華な建物に住み着き、そこをリノベーションし、庶民的になっていた地区を「高級住宅地化」し、より貧しい世帯を街の周辺部やほかの地区へと押しやった。

一見して気づきにくいジェントリフィケーションの形態も見られる。だいぶ後になって「ボボ」と呼ばれる人びとがそこにはいた。マンハッタンの南に位置する「ヴィレッジ」のケースが象徴的だ。二十世紀初めには富裕地区、一九四〇年代から五〇年代に人気となったこの地区は、一九六〇年代にはアーティストや学生、お金のないクリエイティブ・クラス*27の人びとで溢れた。貧乏だった若き日のボブ・ディラン、反体制的な作家のジョン・リード、さらにはシュルレアリストでアナーキストのマルセル・デュシャンもまた、人が密集していたグリニッジ・ヴィレッジに住んだ。曲がりくねった道がいくつもあって大通りが格子状に区画されていない、マンハッタンのヒューマンスケールの地区の一つに住み着くことで自分がジェントリフィケーションの流れを作り出し、この地区のブルジョワ化に加担することを彼らは知らなかった。今日、グリニッジ・ヴィレッジは世界で最も人気で、最も高価な地区の一つとなっている。ブラウンストーンを使用した建物や赤レンガの小さなマンションを理念とした（まだブルジョワではなかった）ボヘミアンたちは、これらの地区を「ヒップ」にすることで、世界初のボボタウンを作り上げた。今日、そこに住むのはリッチな人びとで、民主党に一票を投じている。さらに、ジャーナリストのデイヴィッド・ブルックス*19が二〇〇〇年に「ボボ」という言葉を作ったのは、グリニッジ・

ヴィレッジの住民たちを見てのことだった。

しかし、注意が必要だ。ジェントリフィケーションはもはや富裕層による貧困層の土地の「窃盗」にも、地区を活性化させる——実際は地価をあまりに高騰させてしまい、もともとそこに住んでいた住民たちが居続けられなくなる——「ブーム」現象による貧困層の排除プロセスにも、単純化されない。

〔各コミューンに対し、低所得者向け公営住宅の割合を全住宅戸数の二五％に引き上げることを目標として課す都市連帯再生法〔SRU法〕のように〕より積極的で、国土開発支援を活用できる住宅政策が存在するフランスでは、とりわけ〔全住宅に対する〕公営住宅の割合を高くすることで統制され、誘導され、より「緩やか」なジェントリフィケーションが、フランス社会にまだまだ足りないソーシャル・ミックス*66を推進する。パリ市北東地区*81の四分の一および同市の北・東・南側に隣接している近郊都市圏の街では、部分的かつ多少なりとも抑制されたジェントリフィケーションが起きている。そのおかげで、富裕層だろうが貧困層だろうが社会階級の構成に特徴のある街や地区よりも、より調和のとれた「共生」モデルが創られている。逆に、パリ中心部のマレ地区といったほかの地区では、容赦のない全面的なジェントリフィケーションの影響で、すべての労働者と職人がいなくなった。ユニークな構造の住居やアトリエ——ストーリーと魅力が詰まった環境のなかで自分たちの装飾の趣味を展開できたボボによって、それらは占有されていた——を空っぽにしたのは、マルクス主義の見方による地域的な階級闘争の結果、すなわち、ある階級の住民によるほかの階級の住民の排除だろうか？　それとも、マレ地区に関して言えば、手仕事によるプレタポルテ、家庭的な彩色ガラス細工、裏庭での革製品製造、小規模な木工細工の（グローバリゼーションを原因とする）崩壊だろうか？　いずれにせよ、マレ地区は高級住宅地化され、社会階級が固定化された。今そこに住んでいるのは、ボボの規範を持ったブルジョワたちだ。

47　ジェントリファイアー

ジェントリファイアーのボボたちは、経済的理由から住み着く地区で、ジェントリフィケーション*46を引き起こす。彼らのおかげでその地区の社会階層は可視化される。機械的に高騰する地価のせいで、彼らが住む環境はブルジョワ化していく。こうして、パリのマレ地区やボルドーのシャルトロン地区では、庶民的なものがもう存在しない。まさにボボイチュードの象徴にふさわしいショールームだ。ジェントリファイアーたちは都市のインフラと設備を自分たちの好みや必要性に合わせるために、市当局にプレッシャーをかけ続けている。赤レンガ造りで傾いたガラス窓を備えた古い工場があれば、彼らは市当局にそれを買い取ってもらい、アーティスティックな「場所*61」に変えたがる。だが、市長のほうは住居を求める人びとの長い待機リストに苦悩しており、できれば公営住宅を少しでも多く作るために、まずはその建物を不動産開発業者に委ねたいと考えている。ジェントリファイアーのボボには、社会学者のジャック・ドンズロが「閉鎖的居住」と呼ぶものを実行する傾向が際立ってあることも指摘できる。暗証入力装置に守られ、内輪で、ひっそりと隠れ、閉じられた住居のなかで、安らぎと「良き趣味」の場が、自身を取り巻く現実から切り離されたボボの文化的安全を確保してくれる。その後、ジェントリフィケーションがその力を発揮する。ジェントリファイアーは子どもが小学生になるとすぐに学区制を回避し、具合が悪くなる前に文化的安全の欠如を叫ぶ。彼のなかではブルジョワ bourgeois を示す「ボ」のほうが、ボヘミアン bohème を示す「ボ」よりもはるかに膨らんでいるのだ。

48　ルース・グラス

イギリス人社会学者ルース・グラスは、一九一二年に生まれ、一九九〇年に亡くなった。彼女はジェントリフィケーション*46という言葉を造り、一九六四年にその著作『ロンドン、変化の諸相（*London, Aspects of Change*）』〔未邦訳〕のなかで理論を構築した。

49 グローカリゼーション

この混成語は「グローバリゼーション」と「ローカリゼーション」を縮約したものだ。この言葉はまず、マーケティングのなかで用いられるようになった。特定の場所において製品を作るため、あるいは売るためには、ローカルに適応する必要があるということを意味していた。

「ボボロジー」においては、この言葉はボボの生活の二つの領域——ローカルとグローバル——を結びつけている。ボボたちは自分に直接関わる身近な問題について特に気にかけるが、同時に、グローバリゼーションのなかで居心地良く暮らしている。彼らは自分たちのすぐ近くにある世界都市*95、ミックス*67、多様性のなかで、村*94の生活を探し求めている。オーセンティシティ*5（根源）を追求するボボの生き方は、直販*25や近所づきあいにも、遠方旅行*98にも調和している。ホモ・ボボイトゥスは世界中で起こっていることに気を配り、好奇心を持っているのだ。彼らはできる限り「ローカルな」消費を行なう一方で、ワールドミュージックやエスニック料理を好むようになり、医学そして最も遠い文化の実践に興味を持つようになる。主要な関心事の一つである環境保護のための解決策が、非常にローカルなものであったり、地球規模のものであったりすることを心得ている。グローバリゼーションのいくつかの側面（画一化、経済の自由主義的な金融化、環境保護面の無責任）を彼らは大いに批判するが、そのグローバリゼーションが「交換」や「解放」と同義語になると、それを拒否しない。

自分が住む地区、あるいは遠方——それがボボの二重の視野だ。したがって、それらの中間レベル、すなわち国レベルは彼らにあまり馴染まない。人類と自分自身に課せられる主要な問題を解決するには国レベルはもはや適切ではない、とボボはほかの者たちよりもよく理解したのだろう。また、国家的なものや国家アイデンティティに関するこうした考えの欠如こそが、ボボに対する反感を極右に抱かせている。

50 クリストフ・ギリュイ

フランス人地理学者のクリストフ・ギリュイは「ボボ」という言葉をフランスに輸入した人たちの一人だ。二〇〇一年（デイヴィッド・ブルックス*19がこの言葉を考え出した一年後）に彼は、リベラシオン紙において、あるパラドックスを予見する記事を誰よりも早く書いた。それは、同年に行なわれたパリ市議会選挙は、同市がブルジョワ化していたのに……いや、まさに同市がブルジョワ化していたからこそ左派*43が勝つというものだった。

クリストフ・ギリュイは、ジェントリフィケーション*46や社会的断絶(1)といった現象についての著作を何冊か書いた。彼によれば、左派も右派もその言説、その世界の表象、その社会政策——なかでも彼らの「国民政策」や住宅政策、国土整備政策——において、民衆の存在が忘れ去られていた。ギリュイはまた「都市周辺の*77」という言葉も普及させた。

クリストフ・ギリュイは、（自分の思うままに移動する移民のようにグローバリゼーションに心地良さを感じている）ボボが、感じのよいクールな服装をまとった十九世紀のブルジョワのごとく振る舞っていると批判するに至った。二〇一六年九月二十七日に、彼はラジオ局RMCで次のように語っている。「今日のブルジョワジーは、ヒップスター*53に変装したルーゴン・マッカール家の人びとであり、結局は市場の法則のなすがままになっているクールでナイスなやつだ。下層の人びとに対して狡猾な企みを抱いた、悪意を持ったやつではない。だが今日のブルジョワジーは、階級闘争は危険なものであり、階級が固定されていることを利用した方がよいと理解している。それはパリで、車を排除するという考えによる河岸道路の歩行者専用化のなかに見られた。その計画はクールでナイスな様相を呈しているが、地価をさらに高騰させている。そこに企みはないが、市場の法則のなすがままだ」。

（1）以下を参照のこと C. Guilluy, *La France périphérique. Comment on a sacrifié les classes populaires*, Paris, Flammarion, 2014, et *Le Crépuscule de la France d'en haut*, Paris, Flammarion, 2016.

51 快楽主義者

ボボは他人の幸福や利益を優先させることができる。すなわち、自分たちが住む地区やコミューン、自分の子どもが通う学校、移民、あるいは地球のために立ち上がることができる。だが、彼らはマザーテレサでもなければピエール神父でもない。というのも、自分の生活環境を改善したい、楽しみを手に入れたいといった下心をしばしば持っているからだ。ボボは快楽主義者であり、禁欲主義者ではない。だからといってエゴイストでもない。そう思わせたがる人はしょっちゅういるが。

52 アンヌ・イダルゴ

反対派から意地悪く「ボボの女王」というあだ名がつけられたパリ市長のイダルゴ氏は、その運営手法により、必然的に恵まれているパリの住民だけが利益を得た一方で、必然的により庶民的な郊外の住人は不利益を被ったとして批判されている。河岸道路は歩行者専用となり、ヴェリブ〔自転車レンタルシステム〕とオートリブ〔電気自動車（ＥＶ）シェアリングサービス〕のために数百万ユーロが費やされた。いずれのアクションもパリのエコロジストたちから着想を得たものだ。彼らは非常にアクティブで、二〇〇一年にベルトラン・ドラノエが市長に選出されて以降、市議会の多数を占めている。しかし、反イダルゴの怒号を巻き起こし、「ボボ」という不名誉な呼び名を彼女にもたらしたのは、セーヌ川右岸の道路を歩行者専用にしたことだった。その論争は、パリ市が数える一二〇〇キロメートルのうちの三・二キロメートルの道路に関するものだった。一部の人しか使っていなかったこの主要道路をめぐって議論が高まったのは、世論までは形成しなくともメディアを賑わせるほぼすべての人びとに関係していたからだ。彼らによれば、この道路の歩行者専用化は恵まれているボボたちの単なる思いつきであり、仕事熱心な郊外の住人たちに不利益を与えるという……。

もっとも、真実はその逆だ。道路課の調査によれば、河岸道路の利用者のうち遠い郊外の住人が占める割合はたった二〇％でしかなく、七〇％以上は一人で車に乗るCSP+〔恵まれた職業に就き、高い購買力を持つ人のカテゴリー〕に属する人たちだ。十人のパリジャン*74うち六人が車を所有していないのに、河岸道路を利用する自動車のナンバープレートは五〇％以上が75〔パリ市ナンバー〕である。したがって、その歩行者専用化は社会的には影響がないのだ！　毎日一千万人がメトロやバス、トラムで移動していること、郊外の住人の八〇％が公共交通機関を利用してパリにやってきていることを指摘しておこう。

河岸道路は、大多数が裕福で一人で車に乗り、すぐに公共交通機関を利用できるような人たちが運転する自家用車をパリの中心部に供給していた！　一つの幹線道路が閉鎖されると、数カ月間（新たな習慣を身につけるのにかかる時間）、別の幹線道路がさらに渋滞することになり、そうした措置は逆効果だという印象を与える。数年前にセーヌ川左岸の道路を歩行者専用化した経験は、現実にはそれがうまくいくことを証明している。

53 ヒップスター

ヒップスターはアメリカにおけるボボの子孫だ。彼らの存在は一九四〇年代にさかのぼるが、(1) 二〇〇〇年代にブルックリン*18で、メディアを通じて生まれた。より正確には、ジェントリフィケーション*46が一九九〇年代に始まった、かつての労働者地区ウィリアムズバーグである。

ヒップスターは流行に敏感な若者のことであり、まずその見た目によってほかとは区別される。古着屋で買ったランバージャックシャツ、男性は細部まで整えられた長いあごひげ*7、女性はTシャツかレトロなワンピース、タトゥー、ぴっちりのジーンズ、夏真っ盛りでもウールの縁なし帽、男性も女性もウエイファーラーのメガネ。彼らはグラフィックデザイナーやコミュニティマネージャー、あるいはクールなマイクロ起業家たちだ。世界に開かれ、自分が住む地区とハイパーコネクトされている彼らは、ローカル商品やヴィンテージ商品を消費し、インディーズ音楽を聴き、ベジタリアン料理やビオ*9料理を食し、固定ギアの自転車*92で移動する。支配的文化*32や大量消費を避けるが、MacBook は離さない。彼らはあまり政治的ではないが、ボボと共有している進歩主義的な価値を広めている。

誇張された彼らの姿は世界中の街を「ヒップスター化」した。そして、ヒップスターは模倣されると同時に嘲笑される一つの象徴となった。最も良い時には「フォヘミアン〔偽り＝faux のボヘミアン〕」、最も悪い時には「キーツキラー〔地域の破壊者〕」と呼ばれた。

数年前にはヒップスターの終わりが告げられた。実際には、彼らはオルタナティブからメインストリームへと変わったのだ。お腹の出た、タトゥーを入れ直す必要のある年老いたヒップスターたちを見かけるようになった……。彼らの生活スタイルも、ボボのそれと同じように広まっている。

（1）「ヒップスター」という言葉は一九四〇年代に登場し、反画一主義で教育水準が高く、ビーバップを愛好し、アフリカ黒人のジャズマンたちに魅了された白人の若者を指した。

54 偽善

この言葉は、たいていボボに浴びせられるほぼすべての非難を集約している（→14「ボボ・バッシング」）。ボボはいいとこ取りばかりしたがると彼らを非難する者たちは言う……。ボヘミアンの自由さだけでなくブルジョワの快適さも、庶民地区のオーセンティックな外観だけでなくブルジョワの住宅地の静けさとこぎれいさも、世界中とのつながり（したがって、彼らの旅行*98は必ず炭素を多く排出する）だけでなく近い関係も、ビオ*9も、思慮深さも。隣人の多様性だけでなく、自分の子どもが通う学校の文化的安全も求めているとのことだ。実際、ボボは矛盾した存在であり、名前となっているその滑稽な頭字語のように、生きた撞着語法だ。その名前は、通常は敵同士である二つの言葉の最初の音節からなっている。ボボイチュードのなかに偽善を見いだす者たちは、ブルジョワとボヘミアンは同時にはなれないと言う。お金持ちのボヘミアンもしくは、不良になったブルジョワのどちらかに必ずなるのだ。実のところ、ボボはことに両立*29を試みているとしたら？

55　インディアペールエール（IPA）

ブラウンエールもブロンドエールもホワイトエールも忘れよう。ボボはIPA一辺倒だ。複合的なアイデンティティを持った苦味の強いこのクラフトビールは、ホップを繊細にブレンドして作られる。インディアペールエールは一九七〇年代にアメリカで生まれたビール醸造革命の旗手だ。ビール学のにわか専門家で、最もそれに熱中するボボたちは、モルトの粉砕、ホップのフローラルな香りやフルーティーな香りについて、そしてIPA、ペールエール、スタウト、ポーター、レッドエール、あるいはトリプル〔トリペル〕のそれぞれの味について無限に語ることができる。

それは当初、「自分でやる（Do It Yourself）」の信奉者たちの新たな気まぐれだろうと思われた。独学者でクリエイティブなヒップスター*53たちがブルックリン*18のキッチンや裏庭で自分のクラフトビールを醸造するのを見て、真似たいと考えたのだろうと。それから、二〇〇〇年代の終わりには、クラフトブルワリーやマイクロブルワリーもまたヨーロッパのビール市場を復活させるとは言わないまでも、目覚めさせつつあると分かった。パリのモントルイヨワーズ、ブラスリー・ド・レートルあるいはブラスリー・ド・ラ・グットゥドール、ナントのビエール・ド・シャルロット、マルセイユのブラスリー・ド・ラ・プレンヌ、サヴォワ県のブラスリー・デュ・モンブランのように、この十年で五〇〇ものマイクロブルワリーがフランスの至るところで誕生した。ビール醸造業者組合によると、二〇一五年にはその数は約八〇〇にのぼった（一九八〇年代初めにはフランス全体で二三ヵ所しか残っていなかったことが分かるとかなりの数だ！）。それらのいくつかは、年間数千ヘクトリットルしか生産しないブルワリーだ。ハイネケンやクローネンブルグ、その他のビール産業の巨大企業によって九八%が生産されていることと比較すれば、醸造桶のほんの一滴でしかない。しかしその一滴は、味の画一化への対抗、味覚の訓練、テロワールの活用、直販の促進、さらには地域や村の復活にも貢献している。

いずれにせよ、ビール好きのボボを喜ばせるには、家でビールを作るためのキットをプレゼントするのが一番だ！

56 アンデュス

今日、インダストリアルスタイルの評判はすっかり落ちてしまったが、「アンデュス（indus'）」はボボの商標であり続けている。このスタイルはもちろん、かつてのインダストリアル地区の工場やアトリエに設置されたロフト＊62の黄金時代と関係が深い。自分の親がノルマンディー風の洋服だんすや帝政時代の整理だんすを引き継ぐことができたように、ボボの子どもたちもいつかジェルデ社のランプや古物商で見つけた歯医者のキャビネットを引き継ぐことになると分かっている。そして、流行は変化するとしても（ボボは今、一九七〇年代あるいはスカンジナビアスタイルの製品を買いあさっている）、そのファッションルックスよりもアパルトマンの改装の仕方でボボかどうかを見分けることができる。木材、コンクリート、レンガといった原材料、つや消し塗料、「良き趣味」ではあるが少し退廃的な壁紙の雰囲気、セメントタイル、そして、ボボのものだと明白に分かるいくつかのディテール――ローテーブルに〔木製〕パレットが再利用されていたり、彼らの暖炉のマントルピースは金属製だったり。アンデュススタイルは、オーセンティシティ*5とモダニティをうまく組み合わせようとするボボたちのいささか無意味な試みの一つだ。

さまざまなものをうまく組み合わせるボボのインテリアは、明確な規定に従っている。親から引き継いだか、あるいは道で拾った古い家具がより現代的な空間と出会い、職人の手による家具が旅行*98から持ち帰ったアイテムと混ざり合う。貧しいボボはエマウス〔一九四九年に創立された慈善団体〕のお店に通ったりル・ボン・コワン〔不要品の売買サイト〕にアクセスし、金持ちのボボはメルシー〔マレ地区のセレクトショップ〕やBrocantelab.comを頻繁に訪れる。両者の予算は同じではないが、考え方はどちらも同じだ――物語のあるアイテムであれば、見た目は完璧でなくともよい。肝心なのは、ストーリーを語ることだ。

57 不安定なインテリ

ボボは必ずしも裕福ではない。「不安定な〔仕事や収入が安定しない〕インテリ(1)」、「ボマー(bômeurs)(2)」、「闘う不定期労働者」といった表現が、家計をやり繰りするのが困難な建築家やクリエイター、ジャーナリスト、写真家、教師、研究者、サウンドエンジニア、シナリオライターあるいは新しい職人*4を指すのに数年前からよく用いられている。経済危機が重なり、収入はボボの家庭の核心を定義するにはあまり適切な基準ではなくなった。彼らは学歴と文化という強力な資本を備えているにもかかわらず、彼らが属するカテゴリーもほかの人びとと同じように、失業や不安定な収入、任期付き雇用契約、臨時の仕事、自営業、要するに、仕事との新たな関係に直面しているのだ。それらの仕事をボボはときにはみずから求め（というのも、熱中できる仕事に取り組むなかで、フレキシビリティとある種の自由が彼らにもたらされるから）、しばしば甘受している。

（1）A. et M. Rambach, *Les Intellos précaires*, Paris, Fayard, 2001, et *Les Nouveaux Intellos précaires*, Paris, Stock, 2009.

（2）「ボボ」と「失業者（chômeurs）」の縮約であるこの新語はナタナエル・ルアスによって造られ、彼はそこからブログと一冊の本（*Le Bômeur*, Paris, Robert Laffont, 2014）を生み出した。

58　シェアガーデン

すべては一九七三年、すなわちボボイチュードの前史に、リズ・クリスティとそのサイト「グリーンゲリラ（greenguerillas.org）」によってマンハッタンで始まった。自分の住む地区が空き地だらけになっているのを見るのにうんざりしたローワー・イースト・サイドのこのアーティストは、柵の向こうに種爆弾を投げ始め、放棄されていた場所をすべて開墾し、最初のコミュニティガーデンが生まれた。今日のニューヨークには一〇〇〇以上のコミュニティガーデンがあり、そのうち多くはブロンクスの恵まれない地区で食物を栽培している。このコンセプトはもちろん世界中に広まった。フランスではリール、リヨン、マルセイユ、ブレスト、ナントといった街で（jardins-partages.org 参照）、十九世紀に生まれた「労働者の庭」や「家庭の庭」の流れを汲むものとして一九九〇年代末に初めて登場した。パリでは、二〇〇三年にバスティーユの近くで最初のシェアガーデンが生まれた。

今日のパリには一〇〇のシェアガーデンがあり（jardinons-ensemble.org）、それらは都市のところどころにできたすき間と住民たちの欲求による。パリの「緑の手（La Main Verte）」のように、枠組みを作り、生物多様性と社会多様性の場が広がるのを促進するための憲章を定めた市によって、支援が少しずつ増えていった。というのも、都会の人びとが培おうとしていたのは、自然とのつながりを超えた社会的なつながりだからである。シェアガーデンのイニシアチブをとっているのは多くの場合ボボだとしても、一般に思われているほど仲間うち*36的ではない。金網の柵で囲まれてはいても、そこは開かれた生活の場だ。学校向けの学びの場を迎え入れるシェアガーデンもあれば、園芸を通した社会統合の場を備えるシェアガーデンもある。そこではシングルマザーが年金生活者と交流し、あらゆる文化的背景をもった家族がノウハウや食事を分かち合おうと集まっている。分かち合い、参加型*75、ミックス*67——これらはボボイチュードの支柱である。

59 ライシテ

社会と宗教の関係を組み立てる非常にフランス的なこの概念に対し、ボボは相矛盾した感情を抱いている。本来どちらかというと差異主義的で多様性を好み、寛容なボボだが、少し行き過ぎた極端なライシテ支持の主張には疑念を持つこともあった。とりわけ極右が、数年前には彼らにとって馴染みがなく、カトリック信仰において彼らの邪魔になることすらあったこの概念を奪取して以降は。極右はその反アラブ主義的人種差別をご都合主義的なライシテにすり替え、反イスラーム主義的な戦闘的ライシテはボボの「ライシテ」という言葉に対する不信を募らせた。

しかし、ボボはその属す時代において彼らと同じ次元に生きている。カビュ〔シャルリーエブド襲撃事件で殺害された風刺画家〕が描いた反動的な「ボフ〔下品で保守的、偏狭で男性優位的な考え方を持つ平均的フランス男性〕」はもはやそこにはいない。彼らは大都市やその郊外から数十キロメートル離れた「都市周辺*77」と呼ばれる地域に移り住んだのだ。今日の「ボフ」はイスラーム原理主義者であり、ひげを生やした人であり、ミックスされた地区におけるボボの隣人だ。自身がイスラーム原理主義の犠牲者であるカビュは、数年前からシャルリー*24のなかで方向性を変え、イスラーム独裁主義への非難をためらわなかった。寛容なボボが、自分が住む地区においてじわじわ進行する（あるいは急速に進行する）イスラーム原理主義に直面したとき、中学に通う自分の子どもが蒙昧主義、もしくは過激化する宗教の影響下にある子どもたちによって保たれた男性優位の性差別に直面したとき、郊外の反ユダヤ主義が自分たちの隣人の一部を立ち退かせたとき……ボボは、ライシテの中に提案や避難場所、非排他的で容認可能なアイデンティティの解決策を見い出し、とても満足する。すなわち、その解決策は血筋や出自とは関係なく、思想や哲学的伝統と関係している。その伝統はつまるところボボの伝統――啓蒙の伝統であり、自由・平等・友愛の伝統だ。

60 ラッテ・マキアート

マキアート、それともドリップコーヒー？　自然ワイン*71、クラフトビール（→55「インディアペールエール」）、最もルーツにこだわる人にとってはコンブチャ(1)と並び、コーヒーはボボの飲み物の代表格となった。〝最〟純粋主義者はあまり環境に良くない自分のネスプレッソを捨て、代わりにケメックスのドリップ式コーヒーメーカーか、もしくはミル機能付きエスプレッソマシンを使うようになった。こうした将来有望なバリスタのうち、新しい小さな*78贅沢品とは？　それは、自宅の近くで焙煎される「地方特産の」[2]コーヒーだ。大量生産コーヒーよりもずっと高価ではあるが、ずっと美味しい。さらにそれは、コロンビアやブルンジの小規模なコーヒー栽培者から、ミルクの泡でかわいいハートを描いたラテ――（最低でも）四ユーロはするが――を提供してくれるタトゥー入りのバリスタまで、生産チェーン全体に公正に報いる機会をボボに与える。フランスでは毎年七〇〇〇店のカフェが閉店してしまうが、ボボがぶらつく街角のカフェは存続している。

こうしてイル＝ド＝フランス地域では、二〇〇九年から二〇一五年の間にカフェの店舗数が一四％増加した。[3]確かに、メルボルンからベルリンまで、ブルックリン*18からベルヴィル〔パリ東部〕まで、コーヒーショップ、すなわちボボと彼らのラップトップのための「コフィス（coffices）」（→12「ブラーリング」）がグローバルなジェントリフィケーション*46の新たな基準となり、庶民地区さらには町全体を変貌させる原因となった。たとえば、「ラテタウン」とあだ名がつけられた、コロラド州の環境に配慮した小さな大学都市ボールダーのように。まさに、一九九五年に社会学者シャロン・ズーキンがその著作『諸都市の文化（*The Cultures of Cities*）』〔未邦訳〕のなかですでに描いていた「カプチーノによる都市空間の支配」だ。しかし、ボボ向けとして類別された多くの店舗は、カウンターで飲むエスプレッソコーヒーも一ユーロで提供し、時間が経つにつれてその地区の住民全員を迎え入れており、誰よりもミックス*67を促進しているのだ。

（1）紅茶や発酵緑茶をベースとした飲み物であり、プロバイオティクスと栄養素に富んでいることから、あらゆる効果が付与されている〔「昆布茶」とは別物〕。

（2）高品質でその土地ならではのコーヒー。

（3）France Boisson と生活条件調査研究センター（Credoc）による二〇一七年の調査より。

61 場所

ボボは美術館やコンサートホール、映画館、劇場が好きだ。しかし、彼らがとりわけ好きなのは「場所」だ。彼らは得意げに「いい場所を見つけた！」と話すのが大好きだ。多文化的で混合的、絶えず姿を変えるこうした場所は、文化センターと生活の場の中間に位置し、かつてのたばこ工場や不法占拠された建物の中にある。そこで人びとは生演奏を聴いたり、展示を鑑賞したり、映画上映・討論会に参加したり、劇やサーカスを観たり、小規模生産者から商品を買ったり、ヴィンテージの古着をあさったり、あるいは美味しいストリートフードをかじってビール（クラフトビールである可能性が高い）を飲みながら、ストリートアートを眺めることができる。パリの104、ルーベ〔フランス北部〕のコンディション・ピュブリック、マルセイユのベル・ド・

メ、ボルドーのアンガール・ダーウィンのように。これらの場所はさまざまなジャンルをミックス*67し、壁*70を壊すのが好きだ。ミックスを推進するツールとしての文化である。社会的ミックス、世代間ミックス、民族的ミックスを実現するのは必ずしも容易ではない。しかしこれらの場所では、多くの従来の文化施設よりもミックスが明らかに実現されている。

62 ロフト

石造りの大きな建物＝《イコール》ブルジョワだとすると、ロフト＝《イコール》ボボだ。一九六〇年代にソーホー〔ニューヨーク市マンハッタン西部の地区〕のもはや使われなくなった倉庫に入居しようと初めて思いつき、そこをボヘミアン的で反体制的なマンハッタンの、レンガと鋳鉄でできた驚くべき「宝石箱」に変えたのは、ニューヨークの貧乏なアーティストたちだった。一九八〇年代以降、ロフトはヨーロッパでも新たな都市住宅となった。庶民地区のジェントリフィケーションの象徴である使われなくなった工場や倉庫、製糸工場、製作所、アトリエ、修理工場は、徐々に居住の場に改装された。もちろんパリの東側の区だけではなく、モントルイユ*69やイヴリーほかパリ近郊のコミューン、そしてリヨン、ボルドー、ナントといった街でも、脱工業化により建物がすっかり空っぽになった。レンガの壁やガラス屋根、金属製の梁、ほかのさまざまな過去の名残が、その開かれた空間に反順応主義的な雰囲気を添えている。最初のボボたちは、安価で住むことができると同時に働くこともできる場所＊61をそこに見い出した。今日では不動産開発業者や代理業者が、前衛的なボヘミアンとはもはやあまり関係のない物件の「ロフト精神」を大いに宣伝している。

ロフトは最も象徴的ではあるが、もちろんボボの唯一の住処ではない。ミルストーンハウス、デザイナーズハウス、モダンなビルの何物にも遮られることのない眺めの最上階、かつての労働者の家など、ボボは「型にはまらない空間」が好きなのだ。とりわけそこにストーリーがあるならば。

63 ロハス

ボボのドイツのいとこであり、ビオネード(1)の愛飲家、大豆からなるヴィーガンアイスの愛食家（→91「ヴィーガン」）。“lifestyle of health and sustainability”の頭文字をとったこの名前が示す通り、ロハスは健康的で持続可能な＊34生活様式を促進する社会スタイルを指している。消費を減らすわけではないが、世界の変化に貢献しようと、より良い（公正かつビオ＊9の）消費を目指している。ボボのようにロハスも影響力のある集団であり、自分たちの喜びのためにしか働かないとしてしばしば疑念を持たれている。

（1）ニワトコあるいはオレンジジンジャーで香りをつけたビオのソーダ。水とモルトを発酵させて作られるが、アルコールは含まれていない。

64 六八年五月

ボボイチュードの基礎を作った出来事が六八年五月革命だ。学生たち、つまりはみずからの文化資本の一部を獲得する真っ最中だった市民たちは、社会を取り囲んでいた壁*70を壊すため、そして消費主義が後退したもう一つの世界を要求するために反乱を起こした。今日ボボが肯定的にみなしているすべての価値（社会的自由主義、消費との別の関係、社会的隔壁の除去、強制よりも豊かさ（→37「生き生き」）に根差した教育、性の解放、フェミニズム、エコロジー、オルタナティブ文化*32への関心、社会的・美的・社会制度的実験）は、六八年五月の運動から生まれた。陽気なアナーキスト、反体制的で熱弁をふるった革命家のダニエル・コーン＝ベンディットは、開放的かつシステムに取り込まれた自由主義者（政治・経済どちらの意味でも）となった。みずからを少しでも進歩主義者とみなす歴代政権に彼はかわいがられ、結局は革命主義者というよりもずっと「改良主義者」であるボボのクールさのモデルとなった。彼こそボボに崇拝される人物だ！　それに続く一九七〇年代には、抗議運動やオルタナティブで共同体的な試みがヒッピー運動とともに次々と起こり、ボボイチュードの少しラディカルな先駆者に分類されうる世代が登場した。ラルザック高原の陸軍基地の拡張に対する抗議運動（一九七一〜八一年）は、フランスのエコロジーの、したがって「ボボの精神」の基礎をなす出来事だった。

65 皆のための抗議運動

同性婚（「皆のための結婚（mariage pour tous）」）を認めるための二〇一三年の改正に反対する民衆抗議を活気づけたのが、著名人も参加するこの主要な組織「皆のための抗議運動（manif pour tous）」だ。フランス全土で組織されたこのデモは、反ボボの立場をはっきりと表明した。この運動の最初の中心メンバーたちは、古臭い保守主義と批判されないように、ボボのクールさのいくつかの要素（デザインや服装コード）を取り入れようと努めたものの、ヴィルジニ・テランヌ（別名フリジッド・バルジョ）のように彼らは社会のあらゆる悪と「崩壊」の責任がボボにあるとして公然と非難していた。

「皆のための抗議運動」のムーヴメントが頂点に達する二〇一三年には、保守的思想の人気がふたたび高まって、ボボが広く支持する進歩主義的価値が、停滞あるいは後退したかのように思われたかもしれない。だが実際は、人気が復活したのではなく、また騒々しくなっただけだった。たとえ保守主義がより騒がしく、一時的により大きな影響力を持ち、(厳格なイスラーム教のように)時により強力になるとしても、悲観論者や極右主義者、ほかの「家族的価値」あるいは「国家主義的価値」に閉じこもることに賛同する者たち(Causeur 誌, Le Figaro Vox, Valeurs actuelles 誌)が予想していたような、社会におけるボボイチュードの衰退を私たちは目の当たりにしていない。

同性カップルの結婚に関する法案が可決されてからわずか一年後には、こうした新たな結婚の祝福を拒む市長はもう一人もいなかった。二〇一七年の大統領選挙では、右派の立候補者は(さらには極右さえ)結局、もはや誰一人としてこの改革の見直しを提案しなかった。あらゆる世論調査が明らかにしたところでは、誰もが結婚できることをフランス人の大多数(一定して増加している)が受け入れている。見当違いが見られる。保守主義者たちは、自分の主義主張が現実に勢いを失えば失うほどより大きく叫ぶようになり、(ソーシャルネットワークのおかげで)より耳を傾けられるのだ。反ボボを叫びたいやつには、叫ばせておけ。

66 ミックス推進の

ミックス推進のボボは、ジェントリファイアー*47たちとは異なり、庶民的な地区や街に住み着くものの、そこを高級住宅地化させることはない。この社会メカニズムの考案者たち（↓48「ルース・グラス」）によれば不可避で非情にみえるジェントリフィケーション*46は、実際、公営住宅政策と市町村の意志――住宅ストックをつねにコントロールしながら不動産価格の高騰を阻止しようとしている――によって多くの場所でブレーキがかかり、公権力によって抑制されている。パリ近郊の大部分のコミューンがまさにそうだ。多くの文化資本を持つ一部の住民たちは集団生活を活気づけるため、そして学校やすべての住民たちにシェアガーデン*58を提供するために、非営利団体の世界で日々活動している。

多くのボボは仲間うち*36や閉鎖的居住といった単純化からはほど遠く、宿題の手伝いや自分が住む地域のあらゆる社会グループにとって有益な文化的活動に打ち込んでいる。一部のボボは、一定程度の民族的・社会的バランスを自分の住む学区の公立中学に保証するために、子どもをそこに通わせようと団結する。こうした日々のちょっとした行為はおそらくあまり頻度は多くないが、それでも私たちが考えているよりは多い。

多くの市長にとってミックス推進のボボは貴重な存在だ。というのも、たとえ彼らが経済的な必要性から庶民地区に移り住むことがあっても、ミックス*67を推進するという役割を担う数少ない人びとだからだ。いくつもの矛盾や失敗があっても、彼らは地理学者ジャック・レヴィ（↓31「共存」）が呼んでいるように「ゲットーの解体者」なのだ。

67 ミックス

この言葉は二〇〇〇年代の初めに日常で使われる政治用語に加わった。フランスは共和国なので、人びとは民族的ミックスではなく社会的ミックスについて話題にする。だが、公的議論の参加者全員の頭のなかでは、各人が促進する社会的ミックスの話題から民族的ミックスにも触れる必要が出てくるが……、みなそれを口にしない。グローバリゼーションにすっかり根を下ろしたボボたちは、多様性と群衆が存在する町や地区で暮らすことは、自分にとって最も貴重な財産である文化資本を豊かにすると漠然と思っている。

しかし、ミックスにはバランスも必要だ。ボボはすべての人間グループと同様、ボボの数が非常に少なかったり、さもなくば同胞たちが少数派になってしまったと感じる世界で暮らす（とりわけ自分の子どもをそうした学校に通わせる）ことに長くは我慢できない。都市の未来について考える政治家たちはミックスを一つの解決策だとみなす。実際には、失われた状況を回復することが問題なのだ。ミックスの自発的推進者（↓66「ミックス推進の」、47「ジェントリファイアー」、31「共存」）

であろうがなかろうが、ボボは過去に存在したような都市の社会的ネットワークをふたたび作り出す。それこそ、編集者で作家のエリック・ハザンがリベラシオン紙において指摘したミックスだ。彼は自分の若い頃のパリと、二十一世紀のパリ、バルザックのパリを比較した。「それぞれの地区は今よりもずっと小さかったため、富裕地区に住んでいたとしても、そこは貧困地区から決して離れてはいなかった。また私が思うには、それぞれの地区のなか、そして建物のなかですら、複数の社会階級が共存していた」。しかし、ジェントリフィケーション*46の問題に取り組む社会学者たちは、ミックスは幻想だと言う。この概念は、しばしばマルクス主義の影響を受けた彼らの社会の見方に反するのだ。ミックスは存在しないと彼らは考える。その存在を確認した時には、それは良いものではないと考える。

しかし、現地の議員たちはミックスが自分の都市に有益な効果をもたらすと見ており、彼らが言うように、ミックスは政治的概念、そして「社会のテーマ」となった。教育大臣と住宅担当大臣も同じ言葉を絶えず繰り返している。市長たちもだ。混ざり合った社会、多様な社会は他人に対する不安がより少ない社会であると言う必要がある。というのも、他人は私たちの隣人であり、その子どもは私たちの子どもと一緒に通学しているのだから……。ミックスには良い効果があるが、それはすべての社会グループ間のバランスが保たれた場合の話だ。ミックスは暴力を減らし、十分な文化資本が得られない人びとの学業の成功を後押しし、外国人の社会統合プロセスを促進し、共同体の分裂や、おそらくは過激化といった現象すら抑制する。

学区政策や、公営住宅の割合を二五%に引き上げるようフランスの各コミューンに義務付ける都市連帯再生法（SRU法）の適用や、市町村のあらゆる種類の奨励策によって社会グループ間のバランスを促進することは、歴代の政権が採ってきた技法だ。しかし、ミックスを発令するのは非常に困難だ。最も有効なモデルは、ジェントリフィケーションを都市の役人たちがコントロールし、多かれ少なかれ抑制することで、自然な変化にするというものにとどまっている。パリ市の北や東に隣接するいくつかのコミューンだけでなく、市内の北東部に位置するそれぞれの区においても、こうした脆弱なミックスは新聞のトップを飾ることはないが、社会に素晴らしい影響をもたらす。完全なミックスというものは存在しない。だが、不安定だが得がたいバランスは、稀有ではあるが、社会が混ざり合ったとき、すなわち社会が複数の社会グループあるいは民族グループを調和よく共生させる方法を見つけた時には、確かに社会はよりうまくいくということを日々証明している。

68 モノプリ

ボボはスーパーマーケットがあまり好きではないが、「モノップ（Monop'）」は別だ。高級品志向で競合店よりも値が張るこの看板の店で、彼らは好みの商品やほかでは見られない商品、小規模（→78「小さな」）生産者やビオ*9の商品、エコ商品、クリエイターや流行ブランドとのコラボ商品、あそび心のあるモノプリ独自の商品を見つけることができる。ボボたちはカートを押しているとき、ほとんど買い物をしている感覚がないようだ！　新たな地区にモノプリが開店すればそれはジェントリフィケーション*46の印だ。

69 モントルイユ

モントルイユはボボの土地と公式に認められた最初の郊外の街だ。セーヌ＝サン＝ドニ県にある共産党勢力が強かったこの労働者の街は、一九七〇年代の危機と脱工業化によって打撃を被り、一九八〇年代に変貌を遂げ始めた。こうしてパリ二〇区に隣接するモントルイユは、パリの外環状線の外側に出ようと決心した最初のパリジャン*74たちを引きつけた。アーティスト、ジャーナリスト、ショービジネス界の不定期労働者、教師、ソーシャルワーカーといった、社会に参加し、アクティビストであった中流階級の人びとは、新たな別の生活スタイル、ときには新たな別の世界さえ切望した。こうしたボボたち（そのときはまだそう呼ばれていなかった！）は必ずしも裕福ではなかったが、さまざまなアイデアに溢れていた。特に彼らは古い住居を改装し、使われなくなった倉庫や小さな工場をロフト*62に変えた。社会学者のアナイス・コレが強調するように、(1) 一九九〇年代と二〇〇〇年代には、モントルイユ住民の一〇人に四人が不動産価格の高騰によってパリから追われてこの街にやってきた人びとだった。モントルイユは「パリ二一区」となり、クリシーからイヴリーまで、かつて共産党勢力が強かった郊外の多くの街もそれに続いた。

今ではモントルイユ住民の三三%以上が会社の管理職や高度な知的職業に就いている。(2) 彼らが住む地区の一部でジェントリフィケーションが起こっているとしても、ハイパークリエイティブな住人や豊かな団体ネットワーク、民族的ミックス*67と社会的ミックス（全体の三分の一を占める公営住宅によって保証されている）のおかげで、この街は驚くべき実験場、オルタナティブな文化*32の培地であり続けている。

（1）A. Collet, « Montreuil, "le 21e arrondissement de Paris"? La gentrification ou la fabrication d'un quartier ancien de centre-ville », *Actes de la recherche en sciences sociales*, vol. 5, n° 195, 2012.
（2）Source : INSEE

70 （壊すべき）壁

ボボはロフト*62で暮らしていない場合でも、建物の構造を支える壁を壊し、それをむき出しの金属製の梁に置き換えるのが大好きだ。その梁は、彼らのパソコンや子どもたちのおもちゃが散乱している広いリビングとの間に仕切るものがないキッチンを引き立てる。オープンスペースの旗手であるボボは、自分の家の中や食事において壁を壊すことだけに満足しない（彼らのブランチは今や毎週日曜のローストチキンの回帰に直面し、熾烈な争いをしているが）。玄関の暗証入力装置に守られて暮らしている――まさに、自分たちの壁の内側にいる――と批判されている彼らはしかし、積極的に他人との交流とミックス*67を推奨し、マルクス主義的な社会階級の図式からはほど遠い、社会づくりの新たな形を生み出すことに貢献している。

ボボは壁を壊さなくとも街の壁、言い換えればその境界を外へと押し広げたり、庶民地区で暮らしたり、旅行する際にはそうした地区を探検したりすることが好きだ。

彼らは文化*32間の壁を取り払うことに貢献している「場所*61」、すなわち、映画上映やコンサート、討論会、パーティー、あるいはワインの試飲会を開催している場所に通うのが好きだ。

ボボは街と田舎の間の壁を壊すのも好きだ。どうしようもなく都会人である彼らは、自分の家のバルコニーや、鉄柵に囲まれてはいるがその地区の住民全員に開かれているとみなされているシェアガーデン*58で、種をまくことに明け暮れている。彼らは地区のことを「本物の村*94」ととかく呼んでいる。

しかし、何よりもまず彼らが壊したいと思っている壁は、国境だ。それは外国との間に作られた見えない壁だ。ボボはグローバリゼーションに対して居心地が良く、自分が住む地区での生活と同じぐらい、大西洋の反対側で起こっていることともつながっているのだ（↓49「グローカリゼーション」）。

71 自然（ワイン）

ボボは「自然」ワインが好きだ。そのワインから牛の尻の匂いがしていても、濁っていても、少し泡立っていても問題ない。もちろん、彼らはそのことで多少からかわれる。「なんだこの酸っぱいブドウ汁は？」、「君のワインはナチュラルじゃない、スーパーナチュラルだ！」。構うものか！　ボボたちはブドウの自然発酵という、頭痛を引き起こさない非常に生きた技法のメリットを並べ立てるのにとんでもなく忙しいのだ。彼らはそこでオーガニックワインと自然ワインとビオディナミワインの違いについて少し混乱する。しかし、彼らは本質を見失わない。殺虫剤はダメ（最低限のこと）、亜硫酸塩を添加してもダメ、瓶詰めの際に硫黄を使ってもダメ、化学酵母もダメ、ろ過も卵白を使った清澄作業もダメ、など。そしてときには太陰暦や天体の運行にほんの少し頼ることになる。

ボボは「ヴァン・ド・ソワフ（喉の渇きを癒すワイン）」や「ヴァン・ド・コパン（友人同士のワイ

ン」」を囲んで乾杯したり、その名前に一目惚れしたワインボトル（「ユー・ファック・マイ・ワイン」、「サヨナラ・パ・プール・トゥ・ルモンド（Sayonara Pas Pour Tout l'Monde）」あるいは「ガマ＝ストラ」）を選ぶのが好きだ。彼らはアシェットワインガイドではなく、権威的なガイドブックに対抗するトロンシュ・ド・ヴァン（Tronches de vins）を読み、ニコラ〔大手ワインショップチェーン〕に足を運ぶのではなく、アプリのレザン（www.raisin.digital/fr）がリストを作成した「熱心に働くキャビスト」を訪れ、「カーヴ・ア・マンジエ＊22」でお酒を飲み、スー・レ・パヴェ・ラ・ヴィーニュ（Sous Les Pavés La Vigne）のような個人経営のブドウ栽培業者による見本市に通う。ガストロノミーの新たな若返りに貢献しているのと同じように（→10「ビストロノミー」）、彼らはグラン・クリュ格付けの金ピカの飾りをはねつけるのをまったくためらわない。古典主義とフランス式エリート知識をとりわけ具現化しているこのワインを「違反物」とするためだ。彼らの目的は、非常にフランス的な喜びを破壊することではなく、それを非神聖化させ、そのブルジョワ的規範をボヘミアン化させることにある。確かにニッチな分野ではあるが（オルタナティブのブドウ畑はせいぜい市場の一％強しか占めていない）、それでも改革・変化をもたらしており、模倣する生産者が増えている。自然ワインはまだ誰もが飲めるような美酒のジャンルではないが、それも時間の問題だろう。

72 新農村住人

緑の山野に移るためにすべてを投げうつ?――このアイデアは新しいものではない。一世紀以上におよぶ農村住民の都市への流入後、一九七〇年代から都会人たちによる帰農が観察された。街の喧騒(と高い物価!)から逃れるのはボボだけではない[1]。しかし、アーティスト、フリーのグラフィックデザイナーやイラストレーター、パソコンやスマートフォンで世界とつながり、どこでも仕事ができる知的職業に就く人びとは、自然に近く、自分にとってももちろん子どもにとってもより良い生活環境を求める新農村住人の闘いの多くを形作っている。パリ政治学院現代フランス政治研究所(CEVIPOF)に所属するフランス国立科学研究センター(CNRS)主席研究員のジャン・ヴィヤールのような一部の社会学者は、「居住地として都市中心部を離れる選択をした住民」について言及する際、新農村住人(néo-ruraux)よりも「都市の外に住む人びと(extra-urbains)」という呼び名を好んでいる。「彼らが都会人であることに変わりはないが、住んでいるのは都市の外だ。実際には、半分は都市中心部、もう半分は都市から離れた場所で暮らしている。彼らは〝雲状都市〟の住民であるだけでなく、TGV網内の住民でもある[2]」。

新農村住人は村*94にふたたび活力を与えるのに貢献し、ローカルな生活と団体ネットワークに打ち込むことで、みずからの文化資本を豊かにするものを見つけている。また、人びとが「ボボ」と呼ぶであろう生活スタイルを取り入れている住人でもある。たとえば「反乱の村」(http://

village.mutinerie.org）と名付けられたペルシュ地方〔パリ南西部〕のかつての農場は、コリビング・コワーキングのハイブリッドな場所*61に転換された。そこにはパーマカルチャーの菜園とメーカースペース（試作品を作るための3Dプリンターやその他諸々の道具を備えたシェアアトリエ）がある。彼らは生活を変えるためにその場所を利用する住人たちだ。ある人はエコツーリズムに乗り出し、またある人はライブラリーカフェを開店する。

またある人は、農民の家系ではまったくないにもかかわらず、完全なる新農村住人となる。ラルザック高原のババ〔ヒッピーに代わって登場した自然志向の反体制的な若者〕のいとこであり、ザディスト*99の叔父さんだ。二十一世紀の有機農業（→9「ビオ」）あるいは体系的農業のパイオニアである彼らは、ランド県やアルプ＝ド＝オート＝プロヴァンス県、アルデーシュ県において、エコレスポンサブルな養蜂家やヤギ飼い、あるいはビオディナミのブドウ栽培者に転身した。彼らは意味のある仕事に携わり、自然のなかで生き生きと働き、みずからの運命を手中に収め、新たな社会を作り出したいと考えている。『新農民』〔未邦訳〕を執筆した若手の著者、ガスパール・ダランスとルシル・ルクレールによれば、それは現象として根付きつつある。二人はその著書のなかで「二十一世紀は農民の時代になるだろう。なぜならそれは夢であり、必要なことでもあるからだ」という考えを述べている。(3) 毎年こうして数千人が帰農している。その人数は新たに農業を始める人びとの三〇％を占め、十年前と比べて二倍も多い。彼らは二〇二〇年までに全農民の三〇％を占めるかもしれない。「静かなる革命」だ。といっても、これらすべての新農民たちをボボやポスト六八年世代の模倣者とみなそうなんて少しも思ってはいない。[4] ただ、たとえ彼らに社会学的な特徴が存在しないとしても、その生活スタイルや、生産性第一主義の枠組みから離れた新たな土地耕作の方法を生み出したい、直販*25とビオを重視したいといった意欲は、ボボが主張する価値と共鳴している。

新農村住人たちは一九七〇年代には侵入者とみなされ、一部のマルクス主義の社会学者からは今もなおジェントリファイアー*47の農家とみなされている。今日において彼らは地元の人びとからより良く歓迎されている。そうした人びとは、彼らのなかに過疎化および住民の高齢化に歯止めをかける可能性、新しい農業界を作り出す可能性を見いだしているのだ。コミュニケーションは必ずしも簡単ではないが、そこでは交流が生まれている。

（1）一九九九年から二〇〇七年にかけて、農村の人口は九％増加したのに対し、都市の人口は四・六％増にとどまる。（*INSEE Première*, nº 1364, août 2011）

（2）J. Viard, *Nouveau Portrait de la France. La société des modes de vie*, La Tour-d'Aigues, Éditions de l'Aube, 2012.

（3）L. Leclair et G. d'Allens, *Les Néo-paysans*, *op. cit.*

（4）イプソス社が Groupama 社のために実施し、二〇一七年五月に発表された調査（「街に居住する都会人たち」）によれば、［ボボではない］庶民層は新農村住人の三六％を占めている。

73 ヌテラ

ヌテラはボボ親たちの頭痛の種だ。彼らは添加物や保存料を避けるために食品ラベルの読み方を身につけ、パーム油が体に悪いこととヌテラの五〇％以上が砂糖であることはわかっているものの、それを諦めることができない。ボボの子どもは、自分たちの親が免罪符として買ったビオ*9のカカオ&ヘーゼルナッツペーストを断固として拒否する。そして、ボボ親たちは子どもを非難しようとはしない。というのも、ヌテラを塗ったパンの味は、フィルターなしのジターヌ〔フランスのたばこ〕やバカンスに出発するときのディーゼルカーの匂いのように、自分の子ども時代を思い起こさせるからだ。

74 パリジャン

すべてのパリジャンがボボでなければ、すべてボボがパリジャンでもない！ ボボは地方でも同様にのびのびしている。ボルドーのレ・シャルトロン地区やサン＝ミッシエル地区、マルセイユのラ・プレンヌ、ジュリアン広場、アンドゥーム、ノアイユ地区、トゥールーズのサン＝シプリアン地区やレ・ミニーム地区、ストラスブールのル・クルトゥノ地区、リールのワザンム地区、リヨンのクロワ＝ルースの丘やラ・ギヨティエール。これほど多くの地区が「雰囲気を醸し出しており」、あの「型にはまらない」空間を提供している。その空間のおかげで彼らは建築や装飾のクリエイティビティを思う存分発揮できるのだ。

たとえ彼らがそれぞれ異なる名前を持っていようとも（ドイツ語ではロハス*63、スペイン語ではモデルノスあるいはガファパスタス）、私たちは外国でも多くのボボに出会う……。ベルリンのプレンツラウアー・ベルク地区やクロイツベルク地区、フリードリヒスハイン地区、バルセロナのラ・サタリア地区、ストックホルムのセーデルマルム地区、ローマのトラステヴェレ地区、モントリオールのコート＝デ＝ネージュ地区、ケープタウンのウッドストック地区など。たとえばヨルダンのアンマンのように、ボボイチュードが一つのブロックに潜伏することもたまにある。アンマンではローカルデザイナーのショップや職人協同組合で流行の最新作を購入し、その後、旧市街から数十メートルの場所にあるコーヒーショップや西洋風の喫茶店で休憩できる。ボボのインターナショナル〔国際組織〕のようなものだ。

75 参加型

参加型、それはボボの典型的な理想社会だ。まず第一に政治的理想社会。自分が住む地区の実社会に積極的に関わっているボボたちは、ますます多くの市町村が提供している市民参加型予算

(https://lesbudgetsparticipatifs.fr) を活用して、地元の政治に（もちろん限られた形ではあるが）影響を与えることができる、という考えが大好きだ。市民参加型予算は一九八九年に〔ブラジル南部の〕ポルト・アレグレ市で生まれた民主主義ツールであり、恵まれない地区に住む住民たちはそのおかげで自分の街の選択や優先順位の決定に関与することができる。

参加型は経済的理想社会でもある。二〇〇八年の危機以降、ボボはシェアリングエコノミーのなかに資本主義を抑制する方法、さらにはオルタナティブを見いだしている。彼らはリペアカフェ（repaircafe.org/fr）のボランティアたちと一緒に自分のパン焼き器を修理したり、シェアガーデン*58で種子を交換したり、クラウドファンディングのプラットフォーム上で仲間たちの仕事の挑戦を資金面で支援したり、移動する際にはセルフサービス自転車*92や車の相乗りサービスを利用したり、自分たちのアパートを貸し合ったり、コラボレーションを促進するサイトを通じて助け合ったりしている。これは、所有よりも利用と共有、競争よりも協力、商業的なつながりよりも社会的なつながりを推奨するモデルである。

しかし、共同消費が社会を「ウーバー化」させることにもボボたちはすぐに気がついた。個人がサービスの提供者へと変わる社会だ。エアビーアンドビー〔民泊〕、ウーバー〔配車サービス〕、ブラブラカー〔車の相乗りサービス〕など。こうした社会では、仕事が毎日少しずつ不安定化・柔軟化される。そこには彼ら自身の仕事も含まれる。こうした変化は彼らの役に立つのと同じぐらい、不安にもさせている。それゆえ、ボボたちはみずからの気持ちとの間で折り合いをつけ、ウーバーを離れてショフエール・プリヴェやマルセル〔どちらも配車サービス〕に移っている。フランスに各種税金をきちんと納め、運転手の待遇を改善していくという、これらのプラットフォームの「責任のある」マーケティングに彼らは敏感なのだ。しかし、彼らは結局のところ、自分が理想社会を歪める一因となっていることを自分自身でよく分かっている。新しいものを作り出しているのはボボだけではない。資本主義もそうだ。

76 農民

「農民（paysan）」はほぼ忘れ去られていた言葉だ。集約農業よりも前に、農産物加工産業よりも前に、遺伝子組み換え作物やその他のバイオテクノロジーよりも前に私たちの記憶から去った、別の世紀の言葉だ。現代の都市生活に適応した昔の農村のノウハウほど好きなものはないボボによって、この言葉はふたたび流行に乗った。たとえば、昔の品種の穀物や天然酵母から作った小麦を使っている新しいパン屋。彼らはミシュ〔丸パン〕を毎朝焼くが、週に三日、午後にしか店を開けない（彼らの大型の田舎風ミシュは非常に長持ちするのだから、どうして頻繁に店を開ける必要があるだろうか！）。あるいは、何よりも理想主義者とみなされた二十一世紀の農業従事者たち。

気候の不測の事態にずっと耐性があり、殺虫剤を使う必要がなく、生物多様性を約束する十九世紀の農民の種を発掘した時に、彼らはそうみなされた。未来に役立つ過去のものほどボボを喜ばせるものはない！

77 都市周辺の

「都市周辺の（périurbain）」はクリストフ・ギリュイ*50が普及させた言葉だ。彼がこの言葉で描いたのは、ジェントリフィケーション*46のせいで、また、自分が「文化的マイノリティ」や「民族的マイノリティ」だと感じて、やむなく大都市から追われた白人庶民層が居住する、都市圏の外縁部（そして農村圏よりは内側）の広大な地域だった。彼らがそのように感じたのは、現在ボボと同様に都市とかつての庶民地区を占領している移民あるいは移民出身者によって、その地位が奪われたからだとギリュイは言う。都市周辺地域は、その職業活動のために世界を代表している意思決定者やボボたちからは無視されているとも。

クリストフ・ギリュイによれば、ボボは都市周辺に住む人びととその地域を（無視していないならば）知らない。彼らはその地域を見ることなく、大都市中心からほかの大都市へと移動するために、あるいは彼らにとって大事なもう一つの地域である奥まった田舎まで赴くために、ＴＧＶ

に乗って高速スピードで通過するのだという。

また彼によれば、「周辺地域のフランス」は、そこに老人と「農村地域のフランス」の貧しい一部を加えればサイレントマジョリティのようなものであり、エリートやメディアのレーダーには映らない。それらの地域を合わせれば、この国の人口の六〇%を占めるという。フランスに関するこうした社会学的・地理学的構造の見方は、「人びとから信頼を取り戻し」たいと考え、陽気にボボ・バッシング*14を行なう政治家たちが頻繁に用いている。

78
小さな

スモール・イズ・ビューティフル！　ボボは「小規模の（petit）」生産者、「小さな（petit）」レストラン、「ちょっとした（petit）」ワイン、「小さな」商店を称賛する。"petit"という形容詞はオーセンティシティ*5を約束するものだ。「零細（petit）」職人によって「少ない（petit）」量だけ作られたものは、標準化から免れる可能性が十分にある。近さや「狭い（petit）」範囲、人間サイズへの愛はボボイチュードの特徴の一つだ。大都市で広がっている「小規模の」ブラスリーの一つで作られたビールは、さほど美味しくないことがあるとしても、独自の特徴を持ったユニークなビールとなるだろう（→55「インディアペールエール」）。ボボはポルトガルの感じの良い「小さな」街角や、ギリシャの「小さな」島にバカンスに行く。スキーにも？　もちろん。しかし、ピレネー山脈の「小さな」スキー場にだ。大都市における「小さな」シェアガーデンは、人間味および自然との触れ合いを約束するものだ。さらに、ボボが暮らす地区も「小さな」村*94のようだ。「小さな」は健全であり、本物だ。ボボの「小さな」レストランでコース料理の説明をしてもらうと、あなたはブレス地方の「小規模」生産者やアルデーシュ県のブドウ畑の「小さな」区画、グロア島〔ブルターニュ地方の島〕の「小さな」港の「零細」漁師たちなどのことばかりを聞くことになるだろう。ただし、勘定のほうは必ずしも少額（petit）ではないことに気をつけよう！

みずからの良心との「ちょっとした」折り合いにも慣れっこなボボは、あなたに次のように説明するだろう——地元の学区は回避しないが、エリート主義ではなく才能を伸ばす教育を行なう私立の「小さな」学校で自分の子どもを学ばせたい（→21「学区制」）……。というのも、あらゆる人間の集団と同じように、ボボも自分の「子ども（petits）」のために一番良いものを求めるからだ。

79　めんどり

めんどりはボボ（幸運にも庭かあるいは小さなテラスさえ持っているボボ）の新しいペットだ。循環型経済――食料廃棄物のリサイクルから新鮮な卵の地元生産まで――の（爪のある）二本の足で歩く生きた例証だ。そのすべてがボボを喜ばせる。

80　早熟の

自分にとって貴重な文化資本の伝達を阻害しうるものに対して、ボボがほかの人たちよりも注意深いことはおそらく事実だ。あるいはそれは、彼らがフランスの学校の型を気にしすぎていることの反映かもしれない。そうだとしても、ボボの子どもの多くが「知的に早熟」（「知能指数が非常に高い」とも言われる）あるいは「ADHD」（注意欠陥（多動性）障害）と診断されるのが際立って見られる。そのような子どもは、学校に通うすべての子どものなかで通常三%を占めるが、ボボの子どもはその割合をはるかに超えているのだ。昔は、ある子どもが学校で良い生徒でない時には、学校には向いていないだとか、怠け者だとか言われるだけだった。今では、両親たちは学校に対し、自分たちの子どもの特性に合わせてほしいと言う。そして、そのような両親はボボのあいだでは特に多い！

81 パリ北東地区

パリの「北東地区」はボボたちのちょっとした理想郷だ。一九七〇年代から彼らは三区、一〇区、一一区、一二区、一八区、一九区、二〇区において増加し始めた。とてもブルジョワ的な西側とは反対に、庶民のパリ、コミューンと革命のパリ、労働者と職人のパリなどを体現していたパリには、オーセンティシティ*5を希求する彼らの渇きを癒すために必要なものがすべてあった！

マレ地区、それからフォブール＝サン＝アントワーヌ、サン＝マルタン運河、メニルモンタン地区、ベルヴィル、モンマルトルの丘、グット・ドール地区、ビュット＝ショーモン公園、ウルク運河――こうした多くの地区では、舗装した中庭や使われなくなった工場とアトリエ、価格が手頃な昔の家々、民族的あるいは社会的ミックス*67に魅了された、知的でクリエイティブな中流階級が徐々に増えていった。

今日、バスティーユ広場やレピュブリック広場、ナシオン広場で抗議の歌やスローガンがいつも聴こえてくるとしても、北東地区はとりわけジェントリフィケーション*46の同義語である。そこはロフト*62、理髪店、コーヒーショップ、ビオ*9の食料品店*38、カクテルバー、クリエイターショップ、ヴィーガン向けの食堂（→91「ヴィーガン」）の土地だ。マレ地区のようないくつかの地区はボボの規範を備えたブルジョワの地区となり、ほかの地区は本物のミックスを維持することができた。だが、パリで暮らすためのお金がもうない不安定な多くのボボたちは、パリの外周環状道路を踏み越えることで北東地区の境界を押し広げた。モントルイユ*69、パンタン〔パリ北東郊、ウルク運河沿いにある工業都市〕、サン＝トゥアン、そしてかつて共産党勢力が強かったほかのコミューンは、今ではボボのかの「肥沃な三日月地帯」の一部だ。一九九五年以降に左派*43がこれらの区で獲得している票の数は、右派が一六区とヌイイ〔パリ北西郊外に隣接する町〕で獲得している数に匹敵する。二〇一五年十一月のテロ襲撃が起こったのもこれらの地区の中心部だった。イスラーム原理主義のテロリストたちによって暗に攻撃されたのは、まさに進歩主義的で解放された彼らの生活スタイルだった。

82 （ピエール・）ラビ

ボボにとってピエール・ラビは聖人であり、数多くの美徳を持った人物である。一九三八年にアルジェリアで生まれ、アグロエコロジーとビオ*9のパイオニアであるこの庇護者は、カトリックを信仰するブルジョワにとってのアッシジの聖フランチェスコと同じぐらい、ボボにとって重要だ。ボボたちは、この伝説的な農民*76のホモセクシャル同士の結婚に対する立場（ラビはそうした結婚が子どもを生まないことから悪いものだと考えている……）を見過ごしてしまう（あるいは知らない）。聖人たちでさえ隠された部分があることは、よく知られている。

83 回収

オーセンティックなものを好み、環境を守ろうとするボボたちのDNAのなかに、回収好きは古くから組み込まれている。だが二〇〇八年の危機以降、その行動はさらに目立っている。リサイクルできるのになぜ新品を買うのか？ 工場を家にリサイクルし、生ごみを堆肥*28にリサイクルする。食料の無駄をなくすために、市場が閉じたあとに集めた野菜をとても美味しく豪華なスープにリサイクルする（非営利団体のディスコ・スープ（discosoupe.org）が推奨しているように）。路上に捨てられた机を回収し、ワインケースを棚に変貌させ、古着を着る。本交換ボックスのおかげで読まなくなった本に、ギブボックス(1)のおかげであらゆる種類の物に、新たな命を与える。

ボボを中傷する者たちにとっては、これはボボのユートピアだ。ボボと同じような行動をし始めたほかの多くの人びとにとっては、これは循環型でエコレスポンサブルな経済であり、日常における連帯である。

（1）Givebox：ベルリンの街で生まれた「他人に譲るためのボックス」というコンセプト。人びとはそこに使わなくなった物や服を入れる。

84 シモーヌ、ルシアン、ジョゼフなど

ルシアン、ジョセフ、フェリックス、ロザリー、スザンヌ、マルト——ボボの家族手帳は、第三共和制の慰霊碑のような響きがする。ソフィア・アラムがその舞台作品『恐ろしい空気(*Le Fond de l'air effraie*)』のなかで非常にうまく言っているように、「彼らは忘れられた野菜を食べ、自分の子どもには忘れられたファーストネームをつける」。多くのボボが、レトロなファーストネームの泉から閃きを得る。流行に左右されないクラシックな名前(トマ、アレクサンドル、エマ、ルイーズ)から、少しばかり不良っぽさのある、歴史を帯びたファーストネームまで。何人かのボボの先駆者たちを除いて、たった十年前には誰が自分の息子をマルセルやジョルジュ、娘をシモーヌやレオンティーヌと名付けたいと思っただろうか?　このペースでいけば、まもなくジャン=リュック、フランシス、ヴェロニク、マルティンが注目すべきカムバックを果たすだろう。そしてボボの子どもたちは、自分自身の子どもにエリック、オリヴィエ、イザベル、クリスティアンヌといった名前をつけるだろう。

85 連帯(・社会的経済)

連帯食堂、コミュニティカフェ、ブルックリン*18のパークスロープ・フードコープ(foodcoop.

com）やパリのラ・ルーヴ（cooplalouve.fr）のような協同組合スーパー〔登録メンバーによって運営されるスーパー〕、親参加型の託児所、フェアトラベル（↓98「旅行」）〔フェアトレードの理念を取り入れ、地域社会への貢献や公正な所得分配を重視する旅行〕の代理店の裏側には、しばしば豊富な文化資本といささか乏しい経済資本を持ったボボたちがいる。

二十世紀の民衆教育の大規模な運動から引き継がれたローカルで活発な数多くのフランスのアソシエーションは、もちろん、ボボが登場する前から連帯し、人道支援や慈善活動、社会的活動、保健衛生に関わる活動に取り組んできた。しかしボボイチュードは、国立統計経済研究所（Insee）によれば賃金雇用の一〇％を占める社会的・連帯経済を拡大させた。

社会的連帯の強化、新たなモデル（地域通貨、地域交換取引制度（LETS）、地元コミュニティによるさまざまなサービス）の実験、自主管理と自治の促進――そうした諸価値こそボボを喜ばせる。ボボたちは知識・情報通信・ショービジネスにおける経済の領域だけでなく、ソーシャルワーカーや法務秘書、看護師、教師としても働いている。彼らは利益を追求しない新たな経済の創出に貢献している。

86 スタートアップ

伝統的なブルジョワとは違い、ボボは銀行業や工業においてキャリアを築くことを夢見ていない。ビジネススクールで学びたい、任期なし雇用契約（CDI）を大企業と結びたいという自分の子どもの考えにショックを受けるボボさえいる（ただしダノン社[1]で働くのは問題ない）。フランス式の家父長的企業文化はクリエイティブ・クラス*27のDNAには刻まれてはいない……が、スタートアップ精神のほうは刻まれている……。デジタル分野のベンチャー企業に入ることは、新たな別の働き方を創出しようとするボボたちの温床に飛び込むことだ。仕事における幸福の促進、ヒエラルキー的規範の破壊――スティーブ・ジョブズは水平的な参加型*75マネジメントを利用した（朝食&ブレインストーミングだ！）――、自由な席の移動、プライベート生活と仕事生活が混ざり合う大きな傾向（ボボが壊したがっている壁*70のもう一つの例だ）、社会的評判、クールの文化。神聖不可侵なイノベーションのサービスツールと同じ数だけ、ボボを「ニューエコノミー」のマイクロ起業へと押し出した価値が存在する。

彼らとすれ違うのは、コワーキングスペースやスタートアップのインキュベーター〔起業したばかりのベンチャーやスタートアップ企業を支援する組織〕においてだ。マルセイユからリールまで、リヨンからナントまで、そしてもちろんパリ地域において、かつての工業地区でスタートアップは成長した。新たなテクノロジーの大消費者であるボボたちは、約一五年前にマサチューセッツ工科大学（MIT）で生まれた協同のデジタルアトリエ「ファブラボ」にも通っている。そこではデザイナー、起業家、自作人たちが、二十一世紀のあらゆる種類の作品を制作するために3Dプリンターやその他の機材を共同利用している。

しかし、こうした「メーカー」の文化とクールの経済は、超資本主義的な圧力から免れてはいない。ときおり伴われるそうした圧力は「トロイの木馬」の役割さえ果たしている。グーグル、フェイスブック、アップル*3は、つねにベンチャー企業のごとく動いているという錯覚を与えようとし、金を惜しまず最良の労働環境を提供して自社の労働者の創造性を刺激しようとしているが（プライベートのシャトルバス、託児所、ビオ*9の食堂、あらゆる種類のサービス）、こうした経済によって作り上げられたエコシステムは、ボボイチュードの外面的特性を備えてはいるものの、現実にはきわめて深刻な資本主義的暴力の世界である。

（1）このフランスの農産物加工グループは、率先行動とローカルを促進するそのマネジメントスタイルおよびその社会的イメージと持続可能なマーケティングで特に知られている。創業者でありCEOだったアントワーヌ・リブーは、一九七二年に「たった一つの地球、人生も一度きり」と語った。

87 ストーリーテリング

ボボはストーリーを語ってもらうのが好きだ。みずからの購買行為に意味を与えてくれるストーリー。転職のストーリー。回収*83の、リサイクルの、「愛のこもった自家製」の、女性たちによる協同組合の、社会復帰のストーリー。ローストする準備をしている鶏の血統や、ドローム県の小さな工場〔→78「小さな」〕で自分たちのナチュラル化粧品を梱包した人びとのファーストネームを知るのも好きだ。ストーリーテリングとはトレーサビリティーと倫理のボボ版だろうか？　それは結局（完全にではなくとも）一つのマーケティング・テクニックだ。

88 テレラマ誌

テレラマ誌、リベラシオン紙、アルテ〔独仏共同テレビ局〕、フランス・アンテル〔公共ラジオ局〕、メディアパルト〔ウェブ新聞〕——これらのメディアおよびほかのいくつかは「ボボ」のメディアと呼ばれる。というのも、それらは文化的なコンテンツが豊富であり、情報を伝えることに加え、それらを欠かさず追っている人びとの文化*32資本を増やし、豊かにすると主張しているからだ。

ボボは新聞雑誌の大消費者であり、大衆紙や高齢者向けの雑誌、スポーツ紙が存在しているのと同じように、ボボの新聞雑誌あるいはボボのための新聞雑誌が存在している。違いとして、高齢者向けの雑誌はシニアによって、スポーツ紙はハンドボールやテニスのチャンピオンによって作られてはいないが、ボボの新聞雑誌はボボによって作られている。それらの新聞雑誌はそのことを自覚することは決してない。さらに、「ボボ」という言葉は馬鹿げたものだと解説するであろうあらゆる社会学者や地理学者、その他定評のある研究者たちに広くインタビューを行なうだろう！　ボボの批判者（↓14「ボボバッシング」）にとっては、ある新聞、あるラジオを「ボボ」のと呼ぶことは、彼らを庶民的現実からかけ離れた人びとと描くに等しい。だが、そうした新聞の愛好家たちのほうは、一般的に自分自身をボボだと受け止めることはなく、とかくその新聞を「ボボ化」していると非難する。たとえば、メディアパルトの読者向けオンラインフォーラムのなかで、ある購読者の次のような批判を読むことができる。「一日が終わって電車に乗っていると、私の携帯が振動し始めた。おや、メディアパルトからの通知だ！　何についてだろう？　メディアパルトはモバイルとタブレット用の新たなアプリを提案している！　なんてこった！　私は〝アイパッド用〟と〝アイフォン用〟という文字を見て……そうか……だけどなぜアップル*3向けなんだろう？　数年前から私のお気に入り新聞であるメディアパルトがアップル製品を取り巻くボボティズムにおぼれていることを想像できない私は、自宅に戻りながら、次のことをメディアパルトに伝えようと決心した——アップル製品の価格は高い、非常に高いです……

アップルの労働条件はひどいものです……そしてアップル製品は、豊かではない人びとにまったく行き届いていません！　なのになぜアップルのブームに身を投じるのですか？　大したことではありませんが、残念です」。

89　トートバッグ

トートバッグ一つ一つの後ろにボボが隠れているわけではない。が、ボボ一人一人の肩には一つのトートバッグが掛かっている。布製で、たいていの場合は綿でできており、できればビオ*9のこのバッグは二〇〇〇年代以降、余った古い野菜を持ち歩いたり、ショッピングに出かけたりする時に欠かせないエコフレンドリー*42なアクセサリーとなった。ベルリン（ブルックリン*18とともにボボのもう一つの中心都市）のスーパーマーケットでレジ袋の代わりに使われていたトートバッグは今日、クリエイターや商店、さまざまな団体が発するあらゆるメッセージの媒体となっている。それらのメッセージはユーモラスなものだったり、反体制的なものだったり、気取ったものだったりする。したがって、これらのバッグはしばしばボボのタンスのなかにたくさん眠っている。そのことは地球にとって良いニュースではない。英国環境庁の研究によると、トートバッグの制作で生じるカーボンフットプリントはレジ袋のそれよりも大きい。だからといって、そのトートバッグを捨てなければならないのか？　その必要はない。ボボは無駄にしないためにそれらのすべてを順番に使うと断言するだろう。

90　部族

ボボの家族生活は、彼らの職業生活と同じぐらい創造的だ。

彼らは（結婚する場合には）やや遅く結婚する。また、フランスでは結婚したカップルのおよそ半数が離婚で終わる一方、ボボはためらうことなく何度も離婚する。「分解した家族」から「再構成された家族」へ。そこでもまた彼らは壁*70と伝統的規範を壊すのが好きだ。部族で暮らし、新たなステータスを作り出す。「二週間のうち一週間を一緒に暮らしている、私の義理の父の娘」、「私のお母さんの元夫」、「私のお母さんの女性パートナー」。昨今において出生率が低下しているとしても（二〇〇〇年代の合計特殊出生率は二だったが、二〇一七年は一・八八だった）、フランス人はヨーロッパで出生率ナンバーワンであり続けており、ボボも例外ではない。ジェントリフィケーション*46が進む地区でベビーカーや三輪車（↓92「自転車」）の数を見るだけで十分だ！　特に国立人口統計学研究所（ＩＮＥＤ）の調査が示したところでは[1]、出生率が全体的に高く維持されているのは、高等教育を修了していない女性だけでなく、学歴が非常に高い女性のおかげでもある。

「学歴が最も低い女性の出生率はほかよりも高いが、人口に占める彼女たちの割合は低い。それは、フランスの出生率に最も貢献しているのがバカロレア合格者の女性と高等教育を修了した女性であることを意味している。二〇〇八年に生まれた子どもの四三％以上の母親は高等教育を修了している。二〇〇〇年に生まれた子どもに関しては三四％だった」。

たくさんの文化資本を備えた女性たちは一人目の赤ちゃんを比較的高齢（平均三十二歳以上）で出産するが、ボボのカップルは三人目、さらには四人目をついでに産むことも珍しくない。だからといって仕事を辞めることはない。働く時間がフレキシブルな仕事のおかげで、すべてを両立させようとすることができるのだ。まるで綱渡り芸人のように。

（1）毎年の調査を基にした、フランスにおける女性の出生率と学歴（二〇一〇年）。

91 ヴィーガン

体が急にグルテンやラクトースを受けつけなくなってからというもの、多くのボボは、動物の福祉、気候変動、自分の健康を考えて、ベジタリアンさらにはヴィーガンになった。彼らはボボであってババ（自然志向で非暴力的な反体制的若者）ではないが、（ますます増えている）流行りのベジタリアンレストランでレンズ豆やひよこ豆、そのほかの植物由来のタンパク質の長所を発見した。にんじんの葉茎のケーキ、チアシードのプディング、そしてアボカドトーストは、彼らの日常の一部となっている。彼らはあらゆる種類の藻類やスーパーフードを料理にふりかける。ペポカボチャのボロネーゼソースや西洋カボチャのカルボナーラスパゲッティ、さまざまにアレンジされたビートのカルパッチョを用いて、自分の子どもに食べ物の味を教育する。さらに彼らはベジタリアン料理をライシテ*59を象徴する料理にする寸前だ。それは、特定の食物に不耐性を持つ人たちも、宗教によって禁じられている人たちも食べられる、非常に都合の良い料理だ。

二〇五〇年には世界の人口が九〇億人を超えるとされる二十一世紀は、植物の時代となるか否か。ボボの信条とは?――「何も消え去らず、すべて形を変えるだけ」。したがって、何も捨ててはいけない。さもなくばビオバケツに入れる（→28「堆肥（コンポスト）」）。化学肥料を使わず、ピーラーやマンドリーヌ〔野菜などを千切りにしたり薄切りにしたりする器具〕、ジューサーによって昇華される果物や野菜を食べなければならないことは言うまでもない。

アメリカから来たこうした傾向が「ヴェジタウン」と呼ばれるパリの九区と一〇区でますます流行っているとしても、ボボはみな、肉の楽しみを諦めていない。彼らは自分のことを「フレクシタリアン（準菜食主義者）」と定義づけるのが好きだ――エスプレット唐辛子〔フランス・バスク地方の唐辛子〕を使ったカモの乾燥ささみ、ときにはレアの牛のリブ、さらにはハンバーガーやホットドッグを食べる権利をみずからに与える。ただし、家畜が適切に育てられたという条件で。楽しみながら地球と自分のからだを守る。繰り返しておこう、ボボは快楽主義者[*51]であって禁欲主義者ではない。

92 自転車

今日における自転車乗りのイメージはもはや、自分がツール・ド・フランスの先頭集団にいると想像しながら日曜にサイクリングする人でもなければ、仕事に行く労働者でもない。前部に野菜カゴ、後部に子どもを乗せた高学歴の都会人だ。彼らは楽しみのためだけでなく、心地良い輸送手段として、自分にとっても地球にとっても良いことをするために自転車に乗るのだ。自転車は一つの「ライフスタイル」となった。「ライフスタイル」は、教養のある中流・上流階級の新たなアイデンティティ・マーカーだ。ボボは少し変わった自転車を好む。電気自転車、ヴィンテージ自転車、三輪自転車、そしてもちろん「フィクシー」だ。フィクシーとは固定ギアの自転車のことであり、もともとはアメリカの街でメッセンジャーたちが使っていた。ボボは自転車カフェ、非営利団体の自己修理アトリエ、流行りの自転車用アクセサリー販売店に頻繁に通う。彼らは——自宅で働いていない場合には——そこからあまり遠くない場所で働いており、ボルドー、ナント、グルノーブル、パリ、そしてもちろんパイオニアであるストラスブールといった街の様相を変貌させるのに貢献している――自転車専用道路、セルフサービスの自転車、時速三〇キロゾーンの増設、堤防道路の歩行者専用化など。シンプルで庶民的な物である自転車は、街のボボ化のシンボルとなった。環境に優しくエネルギーの浪費を抑えてくれる自転車は特に、こうした街が二十一世紀の問題に適応するための一つの手段である。

93 フリーマーケット

古物を探すのはボボの第二の本性だ。ブルゴーニュ地方の村*94の古道具市、ドルドーニュ県〔フランス南西部〕のエマウス、パリの北東地区*81のフリーマーケット、ブリュッセルの蚤の市、ブルックリン*18のガレージセール、リヨンの古着市。オーセンティシティ*5、そしてストーリーが（必ず）ある中古[1]への嗜好を満たすための機会を彼らは絶対に逃さない。真のマニアはセレンシー（Selency、旧 Brocante Lab）やル・ボン・コワン（Le Bon Coin）といったオンラインサイトで、一九五〇年代のスクビドゥ・チェア、「そのままの状態の」スカンジナビアの机、あるいは籐製のヴィンテージ新聞入れをうまく見つける。

しかし、彼らが何よりもフリーマーケットを好むのは、時間を他者と共有するための、そして自分たちの地区の生活に参加するための口実になるからだ。

（1）環境・エネルギー管理庁（Ademe）の調査によれば、再利用された中古品の量は二〇一四年の七五万トンに対し、二〇一七年は百万トンだった。

94 村

ボボは街に住んでいても、自分が住む地区は「本物の村」だと言うだろう（そして彼らが新農村住人*72ライフを求めてすべてを投げ打ったがために田舎の本当の村に住んでいる時には、街にいるように何でも手に入ると言う！）。彼らは子どもを学校に預けたあと、コーヒーを飲んだビストロのウェイターにビズをしたり、仕事に向かう前に肉屋、パン屋、花屋、薬局に行く習慣がある。自分の地区＝村のなかでは名も無き一員だ。彼らは互いに助け合い、子どもたちやその他の面倒をいつも見ている。皆を安心させるガマ通り〔一九八〇年の洗濯洗剤のCMに登場する陽気な通り〕のような和気あいあいとした雰囲気だ。

95 世界都市

その著書『グローバル・シティ――ニューヨーク・ロンドン・東京から世界を読む(1)』のなか

でその後広くさまざまに用いられることになったこの概念を初めて理論化したのは、アメリカの経済学者で社会学者のサスキア・サッセンだ。コロンビア大学のこの女性研究者は、ロンドン、ニューヨーク、東京はその規模および経済力と文化力によって、その影響力が国家に匹敵する存在であると指摘した。一九九〇年代の初め以降、国あるいは経済の巨大中心都市は、人びとと資本を引きつける中心地にもなった。政策決定や世界経済のすべての幹部がそこに集中する。

二〇〇〇年代の初め、各世界都市は互いの絆を強め、都市計画の経験を交換し合い、それぞれの国を通さずに協調し始めた。各都市の市長はかつてよりもずっと大きな力を持つ政治家となり、その社会への影響は非常にさまざまではあるが、ボボの期待に沿うものだった。たとえばC40（世界大都市気候先導グループ）は、地球温暖化を阻止するために行動すると決心したすべての巨大都市を集結させる組織だ。

ウェリントン・ウェッブ元デンバー（コロラド州）市長のショッキングな表現にボボたちは賛同するしかない。「十九世紀は帝国の世紀で、二十世紀は国民国家の世紀だった。二十一世紀は都市の世紀となるだろう」。グローカリゼーション*49の枠組みであるこうした世界都市のなかで、彼らは生き生きしている。最良の場合には（彼らがミックスを推進する*66時には）街をより人間的なものにし、自然を取り入れ、生活スタイルを創出し、ミックス*67を発展させる。最悪の場合には（彼らがジェントリファイアー*47である時には）庶民地区を先買いし、そこを自分の嗜好に合わせてフォーマットし、不動産価格を高騰させ、外観が〔外観だけ〕庶民的でシックな「ゲットー地区」を作る。最良の場合でも最悪の場合でも、ボボたちは世界都市のなかで、ローカルであると同時にユニバーサルな世界で暮らすという欲求を満たしている。

（1）S. Sassen, *The Global City, New York, London, Tokyo*, Princeton, Princeton University Press, 1991〔伊豫谷登士翁監訳、大井由紀・高橋華生子訳、筑摩書房、二〇〇八年〕

96 ホワイトビネガー

ホワイトビネガー、重曹、ソミエールの土、マルセイユ石鹸、液体のサボンノワール〔プロヴァンス地方でオリーブをベースに作られた洗剤〕――ボボの棚からはヴィンテージとオルタナティヴの手段の匂いがする！　オーセンティックであると同時にモダンなメソッドだ。祖母から受け継いだ家を掃除するための秘訣はお金がかからないだけでなく、環境汚染も少ない。そして、レトロなパッケージのエコな家事商品がたくさん並べられているスーパーの棚を見るに〔五〇年代の主婦のテクニックを使おうとするものまである〕、昔のエコレスポンサブルな実践を採用しているのは明らかにもうボボだけではなくなった。ボボの家はほとんどパーマカルチャー菜園のようだと言われている。それに、サボンノワールは水に溶かすと菜園のアブラムシやノミに対して有効だ。

97 レコード

人びとはまずそれが一つの流行現象で、ノスタルジックなボボたちの一時的な熱中だと思い込んだ。フィリップのポータブルレコードプレーヤー、自宅パーティーのためにレコードジャケットに自分の名前を書いた四五回転レコード、カーオーディオに挿入されるカセット、黄色いソニースポーツウォークマンの音を聴きながら抱いた恋の悩み、CD、iPodの初代モデルをせいぜい三〇年間で経験した彼らは、CD危機から生き残った数少ないレコード屋やフリーマーケット*93でレコードを探し始めた。黒いビニール盤を擦るダイヤモンド針、圧縮されていない音、アート作品のようなレコードジャケットに喜びを発見した。レコードは質とノウハウを表わす美しいヴィンテージ品だ。それゆえ、ボボとその甥であるヒップスター*53の基準を満たした。このストリーミング時代においてLPレコード市場はふたたび活気づき、独立系レコード屋に長く存続してほしいと願う人びとを数年のうちに引きつけ、ファンをますます広げている！

98 旅行

ほかの人びとが地下鉄やバスに乗るように、ボボたちはTGVや飛行機に飛び乗る。カーボンアカウンティングなんかクソくらえ（それはそうと、筋を通すためにカーボンオフセットを購入する者もいる)。というのも、旅行は彼らにとって最も貴重なもの、すなわち文化資本を豊かにする一つの方法だからだ。

彼らのことは「旅行者」、「地球の旅人」あるいは「探検者」と呼び、特に観光客としては扱わないように! 彼らはエアビーアンドビーで借りたアパートの所有者のスリッパを履き、地球の反対側に住む知らない人と家を交換し(彼らはボボと同じ良き趣味を持っていることだろう)、新たな生活スタイルが創出される実験的な地区を発見するために街の境界を外へと押し広げ、エコレスポンサブルな観光を実践し、地元民がよく通う食堂の場所を見つけ、伝統的な観光モニュメントよりも庶民的で生きた遺産を好む。すなわち、ボボにとって大事なのはマスツーリズムから逃れることなのだ。

シェアリング(→58「シェアガーデン」)を経験したボボたちは、それがより経済的であるという理由だけでなく、それによって新たな国を内側から発見できることから、新たな旅行の仕方を考案した。

彼らの旅行熱は非常に若い頃から引き継がれる。親が知的職業あるいはクリエイティブな職業に就いている子どもたちのインスタグラムアカウントを見るだけで、(親がかなり裕福な子どもたちの場合)彼らが十二歳の時にはすでに一般的なフランス人の誰よりも多く旅行していることが分かる——オーストラリア、アメリカ、ベトナム、タイ、メキシコ、モロッコ、ポルトガル、イタリアなど。旅行は若者を育てると言われる。家族で行くバカンス、イマージョン・プログラム（なぜなら、外国語をマスターすることは今日の世界に適応する最良の手段の一つだからだ）、休学して行く数年の海外留学など、彼らがグローバル市民になるためにあらゆることをするのは間違いない。

99 ザディスト

ザディスト〔資本主義や消費主義に反対し、環境破壊を伴う公共事業（たとえばナント郊外のノートル＝ダム＝デ＝ランドへの空港移転計画）に対する阻止活動を展開する活動家たち。「守るべき地域（zone à défendre）の頭文字（ZAD）から作られた言葉〕はボボが過激化した人びとなのか、前衛部隊なのか、あるいは単にアンチ・ブルジョワのボヘミアンなのか？　こうした質問が浮上するが、ザディストはボボのように、近辺と遠方の両面からなる世界を作り出そうと試みている。彼らはボボのように、資源の有限性について気にかけており、自分たちのやり方でグローバリゼーションに適応している。もちろん、彼らはボボという、両立しえない生活実践――一方では消費の快楽主義的*51幸福や際限のない旅行*98、他方ではエコロジーや理性的な経済成長――を両立*29させようとしている純粋なブルジョワを嫌悪している。

今日のザディストは明日のボボだと想像することもできる。まるでかつての六八年世代（↓64「六八年五月」）が一九八〇年代に見識豊かなブルジョワになったように。そうしたブルジョワは一九七八年以降、フランソワ・ミッテランが呼んだところの「文化的多数派」を構成していた。サディストは今のところ、より安定した暮らしを送るボボの、活動的で先駆的な「甥の息子」である。

100 ザズー

ボボの家族のなかにはザズーの祖父と祖母がいる。バーやカルチェラタンのクラブの地下で生まれたこうした反順応主義のブルジョワの若者たちは、ヴィシー政権を挑発していない時にはジャズを聴き、スウィングを踊り、自転車*92に乗ってアングロサクソン文化*32への愛を示していた。エキセントリックダンディの外見——体の線に沿ったチェック柄の長いジャケット、ゆったりとしたズボン、厚い靴底といつも閉じられた傘、肩パット入りのジャケット、短いプリーツスカート、網タイツ、木底調の底靴、バーミリオンレッドの唇——一九四〇年代のこうしたヒップスター*53たちは、規範を壊したいとすでに考えていた。

訳者あとがき

わたしがなぜ本書の翻訳を迷いなく引き受けたかというと、何年も前からフランスのメディアで時どき耳にしていた「ボボ」と呼ばれる人びとについて関心を抱いていたのと、そのぼやけた輪郭を定めるために選ばれた一〇〇語のラインナップを見た瞬間に、ボボの世界に引き込まれたからだ。アップル、オーセンティシティ、竹、あごひげ、ブラーリング、メンタル負荷、仲間うち、生き生き……多様で、雑多で、たまに意味不明で――だからこそ想像をかき立てられる――、なぜかクスッと笑ってしまうこのラインナップは、読者を大いに楽しませてくれるに違いないと考えた。そしてわたし自身、案の定、ユーモアを交えながら論じられるボボの世界にすっかりハマってしまった。

それもそのはず、筆者の一人トマ・ルグランは、現在フランスで最も多くのリスナーを抱え、毎日六一〇万人が聴いているという公共ラジオ局フランス・アンテル（France Inter）で活躍するベテランジャーナリストだ。ツイッターのフォロワー数は一四万四〇〇〇人を超える。毎朝、彼の軽快な政治解説（L'ÉDITO POLITIQUE, https://www.franceinter.fr/emissions/l-edito-politique）を多くのリスナーが耳にしている。もう一人の著者ロール・ヴァトランも、フランス・アンテルに引けを取らないほどの数のリスナーがいる民間ラジオ局ＲＴＬでかつて十二年間記者を務め、女性のための旅行ガイドシリーズ『Les Pintades』などを手がけてきた。二〇一四年にすでに『ボボ共和国』（未邦訳）を出版し、ボボについて長年考察してきたこの二人によって展開される「ボボ論」は、視点が多様であり、かつ分析も非常に細かく鋭い。この『一〇〇語でわかるＢＯＢＯ《ブルジョワ・ボヘミアン》』の原書は二〇一八年九月に出版された。

原書を読みながら、わたしは「自分も（一部）ボボなのではないか？」と思わされることが何度もあった。大規模チェーン店よりも街角の小さな店やカフェのほうが好きだし、アップル製品ばかりを使用している。「ボボのメディア」だというフランス・アンテル（https://www.franceinter.fr）もよく聴くし、メディアパルト（https://www.mediapart.fr）もたまに読むし、文化資本の宝庫であるアルテ（https://www.arte.tv/fr/）なんかは好きすぎて二〇一六年にパリ支社にまで乗り込んだほどだ。確かにこの本はフランス社会を描いたものではあるが、グローバリゼーションや通信技術の発達によって各国間の文化や生活スタイル、消費行動が昔よりも似通ってきたと考えれば、日本人が本書を読んでハッとさせられてもおかしくはない。どの点がボボらしいかは人それぞれであろうが、「ボボイチュード」すなわちボボ的性質を備えている人は日本人のなかにも少なからず存在するだろう。

わたしがボボについてある程度深く考えるきっかけとなったのは、自身が日本語版（http://www.diplo.jp）の代表を務めている国際評論紙・月刊紙の「ル・モンド・ディプロマティーク」仏語版（http://www.monde-diplomatique.fr）二〇一六年十月号に掲載された「ボヘミアンの誘惑」（原題：Séductions de la bohème）という記事だった。筆者であり、シェルブルック大学教授のアンソニー・グリノエールはこの記事で、「ボヘミアン」と呼ばれた人びとが文学や芸術においてどのように表象されてきたかについて論じている――一八五一年に『ボヘミアン生活情景』を発表したアンリ・ミュルジェールから、ジュール・ヴァレス、ポール・ヴェルレーヌ、アルチュール・ランボー、カール・マルクス、アンリ・ド・トゥールーズ＝ロートレックまで。彼によれば、第一次世界大戦後には一部の芸術家たちを表わすのに「ボヘミアン」という言葉はあまり使われなくなったものの、その特徴や現象は途切れないまま現代の「ボボ」へと引き継がれたという。このようなボボの分析は、ルグランとヴァトランが本書において論じているものではないが、なかなかに興味深い。一方、ボボは、かつてのボヘミアンが嫌っていた資本主義を――さまざまな面でオルタナティブを模索しているとはいえ――生活スタイルの中心に置いているという見方は、著者の二人とグリノエールの間で共通していると思われる。

しかし、ボボたちが「グローバリゼーションのなかで悠々自適に暮らして」いたり、「ジェントリフィケーションを推進して」いたり、その行動が「いくつもの矛盾に満ちて」いたりしているとしても、いつも揶揄されたり非難されてばかりの彼らを擁護するルグランとヴァトランは、そのポジティブな側面も本書のなかでたびたび描き出している。他人に対して寛容だったり、地域コミュニティを活性化させたり、古いものを大切に使ったり、環境保護に敏感だったりする点などだ。最後まで本書を読むと、フランスのメディアや日常会話における「ボボ」のネガティブなニュアンスはかなり和らぐだろう。むしろ彼らに共感し、応援したくなるかもしれない——多くの日本人読者にとってこの言葉は初耳であろうが。それが著者二人の狙いでもある。

また本書は「未来のさまざまな生き方を創造しようとする」ボボたちによるたくさんのアイデアに溢れている。新型コロナウイルス感染症の世界的な流行によってグローバリゼーションや経済システム、観光のあり方、自然との共存など、多くの面でこれまで維持してきた価値観や考え方を根本的に見直さざるをえなくなった今、わたしたちは本書から得られるさまざまなアイデアや考え方から、新たな社会や生き方を模索することができるのではないか。「直販」、「堆肥」、「持続可能な」、「回収」など、特に環境保護のためのボボの積極的な取り組みは、廃棄物を減らし地球に優しい循環型経済の実現にとって重要であろう。ボボの考え方に必ずしもすべて賛同する必要はないが、参考にしたり、議論のベースにすることはできる。

最後に、本書の読解と、フランス社会の文脈を深く理解するにあたって多くの助言をしていただいた東京外国語大学大学院のコランタン・バルカ氏と、編集と校正の作業を丁寧かつ素早く行なっていただいた白水社編集部の小川弓枝氏に感謝を申し上げたい。わたし一人では本書の翻訳はなしえなかった。訳出の際には、できる限り細かなニュアンスまで読者の皆さまに伝えられるよう、表現方法や語順の細部までこだわったつもりではあるが、それがどこまで実現したかはわからない。不安と楽しみの両方をもって、読者の皆さまの反応を待ちたいと思う。

わたしはもちろん本書が多くの人に読まれることを願ってはいるが、他人をレッテル貼りする「ボボ」という呼び方が日本で流行ることまでは期待していない。しかし、ソーシャル・ネットワーク上や街のどこかで「あいつはボボみたい」や「わたしもボボだ」といった言葉を目や耳にする場面に遭遇したら、内心「やった!」と思うだろう。

二〇二〇年九月

村松恭平

訳者略歴
村松恭平（むらまつ・きょうへい）
1984年生まれ。ル・モンド・ディプロマティーク日本語版の会代表理事・翻訳者。フランス語講師。東京外国語大学大学院博士後期課程単位取得満期退学。訳書に『わたしたちを救う経済学──破綻したからこそ見える世界の真実』（共訳、ele-king books、2019年）。

文庫クセジュ　Q 1039
100語でわかるＢＯＢＯ《ブルジョワ・ボヘミアン》

2020年10月 1 日印刷
2020年10月20日発行
著　者　トマ・ルグラン
　　　　ロール・ヴァトラン
訳　者 ©　村松恭平
発行者　及川直志
印刷・製本　株式会社平河工業社
発行所　株式会社白水社
東京都千代田区神田小川町 3 の 24
電話　営業部　03（3291）7811 / 編集部　03（3291）7821
振替　00190-5-33228
郵便番号　101-0052
www.hakusuisha.co.jp

乱丁・落丁本は、送料小社負担にてお取り替えいたします。
ISBN978-4-560-51039-1
Printed in Japan